추천사

❝ 밍모닝~ 여러분 안녕하세요,
여러분의 큰 사랑을 받고 있는 게임 유튜버 밍모입니다. ❞

여러분의 꿈은 무엇인가요?
언젠가 초등학생의 꿈과 관련해서 이런 기사를 본 적이 있어요.
운동선수, 의사, 교사, 크리에이터란 직업이 가장 인기가 많은 직업으로 나와
있었는데, 그 이유로 '내가 좋아하는 일이라서', '내가 잘 해낼 수 있을 것
같아서', '돈을 많이 벌 수 있을 것 같아서' 라고 대답한
초등학생이 응답자의 절반을 넘었었죠.
그 기사를 보며 저는 많은 생각을 했답니다.
내가 좋아하고, 잘 해내고, 또 돈도 잘 벌 수 있는 직업을 가지는 것이
무척이나 어렵지만, 또 얼마나 필요한 고민인지에 대해서 말이죠.
그런 점에서 저, 밍모는 좋아하고, 잘 해낼 수 있는 꿈만과도 같은 일을 하고
있다고 생각하니 참 축복받은 사람이라고 생각합니다.
물론, 여러분에게 꿈이란 건 먼 이야기처럼 느껴질 수도 있어요.
그렇다고 꿈이 없다고 걱정하거나 고민할 필요는 없지요.
하지만 내가 무엇을 좋아하고, 잘하는지, 또 나는 어떤 성향인지
나에 대해 알아가는 건 정말 중요해요.

〈미래소년 밍모〉의 주인공은 친구들과 좋아하는 게임을 하는 것을 가장
좋아하는 친구예요.
좋아하는 건 확실히 알지만, 꿈이 무엇인지는 생각해 본 적이 없지요.
그러다 학교에서 실시한 적성검사의 결과를 보고, '나의 꿈은 뭘까?'라는

심각한 고민에 빠지게 되죠. 그때, 신기한 일이 일어납니다. 게임 캐릭터 '피니'가 등장해 나의 미래 모습을 볼 수 있는 게임에 밍모를 초대한 거예요. 그때부터 게임 세계 속 밍모의 신나는 모험이 시작됩니다. 게임 세계에는 보디빌더, 양봉사, 화가 등 자신만의 역할을 지닌 캐릭터들이 등장해 위기의 순간에 밍모에게 도움을 주기도 하고 힌트를 주기도 하며 이야기에 변화를 주지요.

여러분은 밍모와 모험을 함께하며 자연스럽게 다양한 직업을 만나게 될 거예요.
〈밍모의 직업 소환 미션〉 콘텐츠를 통해 직업의 정보와 함께 나의 성향도 체크하며 나에게 맞는 직업인지 알아볼 수도 있지요.

이 책을 통해 여러분이 내가 좋아하는 것을 알고, 나의 성향을 파악할 수 있을 거라 기대해요.
더 나아가 좋아하는 것을 더 잘할 수 있도록 차근차근 노력할 수 있는 동력도 생길 거예요. 그렇게 된다면, 여러분은 미래에 좋은 기회가 찾아올 때, 절대 놓치지 않을 겁니다!

여러분에겐 무엇이든 될 수 있는 무한한 가능성이 있어요.
밍모는 여러분의 꿈과 미래를 응원합니다!

자, 밍모와 함께 꿈을 위한 모험을 시작해 보자고요!

등장인물

❝ 어느 날, 게임 속으로 빨려 들어가다! ❞

이것저것 좋아하는 건 많지만 자신의 꿈이 무엇인지는 생각해 본 적이 없는 밍모. 꿈에 대한 고민에 휩싸인 밍모는 기분 전환을 하기 위해 무한의 계단 게임에 접속한다. 그 순간 반짝이는 불빛과 함께 게임 세계 요정 피니가 나타나 밍모가 거절할 수 없는 놀라운 제안을 하는데…!

무한 긍정 밍모

게임하는 것을 제일 좋아하며, 어떤 상황에도 기죽지 않는 긍정주의자. 얼떨결에 도전하게 된 게임의 규칙에 빠르게 적응해 나간다.

조력자 피니

밍모를 특별한 세계로 이끈 존재. 밝지만 여린 성격으로 가끔 행동이 앞서는 밍모를 진정시키기도 한다.

게임 안내자 **비지니스맨**

게임의 최고 인기 스타이자, 게임 속 미션 소개자. 친절하지만, 무언가 중요한 비밀을 숨기는 듯하다.

눈치 빠른 **비서**

아름다운 외모와 능력을 겸비한 인물. 겉으로는 비지니스맨과 손발이 잘 맞는 듯 보이지만, 서로 경계하는 듯 긴장감이 흐른다.

베일에 싸인 **회장님**

게임 세계의 인피니티 타워를 만들었다는 것 외에 알려진 건 아무것도 없다.

차례

프롤로그 뜻밖의 방문자 — 8

미션 1 나침반을 찾아라! — 26

미션 2 망모의 직업 소환 **I** — 74

비행기조종사 / 헬리콥터조종사 / 승무원 / 항공교통관제사
엔지니어 / 자동차조립원 / 항공기관정비사 / 로봇엔지니어
스포츠트레이너 / 운동선수 / 코치 / 스포츠강사
농업기술자 / 특용작물재배사 / 축산기능사 / 가축인공수정사

이런 **성향**이 필요해요 나에게 맞는 **직업**일까?

미션 3 아이돌 연습생에게 용기를! — 78

미션 4 망모의 직업 소환 **II** — 124

댄서 / 무용가 / 안무가 / 발레리나
가수 / 작곡가 / 뮤지컬배우 / 드라마·영화배우
우편물집배원 / 물류관리사 / 우체국공무원 / 택배원
조리사 / 양식·일식·중식 조리사 / 영양사 / 파티시에

이런 **성향**이 필요해요 나에게 맞는 **직업**일까?

미션 5 밍모의 위험한 선택 — 128

미션 6 밍모의 직업 소환 Ⅲ — 172

만화가 / 화가 / 디자이너 / 작가
경찰관 / 형사 / 경호원 / 프로파일러
항공우주공학기술자 / 천문학자 / 인공위성개발원 / 인공지능전문가
축구선수 / 야구선수 / 배구선수 / 태권도선수

이런 **성향**이 필요해요 나에게 맞는 **직업**일까?

1판 1쇄 발행 2024년 7월 1일 | **1판 1쇄 발행** 2024년 7월 8일 | **글** 유경원 | **그림** 최진규 | **발행인** 심정섭
편집인 안예남 | **편집 팀장** 최영미 | **편집 담당** 이은정, 이선민 | **제작 담당** 정수호 | **홍보마케팅 담당** 김지선
출판마케팅 담당 홍성현, 김호현 | **디자인** 이명헌 | **인쇄처** 에스엠그린 | **발행처** 서울문화사 | **등록일** 1988년 2월 16일
등록번호 제2-484 | **전화** 02-799-9147(편집) 02-791-0708(판매) | **주소** 140-737 서울특별시 용산구 새창로 221-19
ISBN 979-11-6923-924-0, 979-11-6923-923-3(세트)
INFINITE STAIRS ⓒ NFLY STUDIO, All Rights Reserved. ⓒ밍모 ⓒSANDBOX NETWORK, All Rights Reserved.

밍모는 가장 좋아하는 게 세 가지 있습니다.
첫 번째는 친구랑 같이 게임하기!

두 번째는 간식 먹으면서 게임하기!

정말 굉장한 비밀이죠? 엄마는 절대 알면 안 돼요. 왜냐구요? 기가 차서 쓰러지실지도 모르니까요.

하지만 밍모는 그게 문제라고 생각하지 않습니다. 좋아하는 게임을 하고 나면 컨디션도 좋아져서 다른 일도 신나게, 집중해서 할 수 있기 때문이지요.

그런데 밍모에겐 얼마 전부터 고민이 하나 생겼습니다. 사건은 지난 명절에 친척들이 모두 모인 자리에서 시작됐죠.

순간 밍모는 머릿속이 하얘지는 기분이 들었습니다. 사실 그런 건 한번도 생각해 본 적이 없었거든요.

거기서 끝이 아니었어요. 삼촌과 고모, 사촌 형과 누나들까지 모여들어 한마디씩 거들었죠.

듣고 있던 밍모는 이렇게 말했습니다.

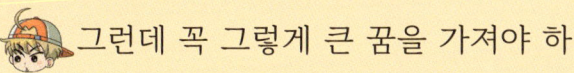그런데 꼭 그렇게 큰 꿈을 가져야 하나요?

그러자 친척들 모두 당황한 표정으로 말했습니다.

물론 꿈이 커야만 좋은 건 아니지. 하지만 꿈이 있어야 목표가 생기지 않겠니?

그러니까 네 나이 정도면 그런 걸 생각할 때가 됐다는 뜻이야.

밍모는 더 이상 아무 말도 하지 않았습니다. 그래도 마음속에선 여전히 이렇게 말하고 있었어요. '꿈은 없지만, 좋아하는 건 있어요.' 라고요.

그날 이후 밍모의 머릿속에선 한 가지 생각이 떠나지 않았어요.

> 되고 싶은 게, 꿈이 꼭 있어야 할까…?

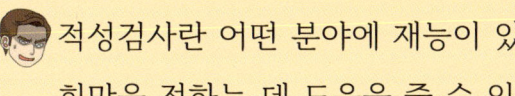 적성검사란 어떤 분야에 재능이 있는지 측정하여 장래 희망을 정하는 데 도움을 줄 수 있는 검사란다.

며칠 뒤 검사 결과가 나오자, 선생님과의 상담이 이어졌습니다.

밍모는 자기 순서가 다가오자 가슴이 두근댔습니다.

그런데 밍모와 마주앉은 선생님은 결과지를 앞에 놓고 어떻게 말해야 할지 몰라서 매우 난처한 표정을 지었습니다. 그러다가 천천히 조심스럽게 입을 떼셨죠.

밍모야, 적성검사가 꼭 맞는 건 아니니까 너무 실망하지 않았으면 좋겠구나.

뭔가 느낌이 안 좋았지만 그래도 밍모는 아무렇지도 않다는 표정으로 싱긋 웃으며 대답했죠.

후후, 선생님, 저는 어떤 결과가 나와도 상관없어요. 혹시 로봇조종사나 시간탐험가 같은 게 나왔나요?

그러자 선생님은 살며시 미소를 지어 보이신 후 아무 말없이 밍모 앞에 결과지를 내밀었습니다.

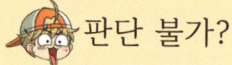판단 불가?

밍모가 모르겠다는 표정으로 고개를 갸우뚱하자, 선생님이 차분하게 설명해 주셨습니다.

정확히 알 수 없다는 뜻이야. 사실 이런 결과는 선생님도 처음 보는 거라서 뭐라고 말해야 할지 모르겠구나.

괜찮아요. 정해지지 않았다는 건 그만큼 가능성이 더 많다는 뜻이잖아요.

 그래, 맞아, 밍모는 무엇이든지 할 수 있는 무한한 가능성을 지녔단 얘기지.

밍모의 씩씩한 대답에 선생님도 마음이 놓이는 듯 표정이 밝아지셨습니다. 그러나 결과지를 받아 들고 돌아서는 밍모의 마음속은 그렇게 밝지 않았어요. 그래서 집에 돌아와서도 골똘히 생각했습니다.

한참을 생각해도 마땅한 결론이 떠오르지 않자, 밍모는 더 이상 그 문제를 고민하지 않기로 결정했어요.

그래, 꿈 같은 건 다음에 생각하지 뭐! 그리고 기분 전환을 위해 평소 좋아하는 '무한의 계단' 게임을 하기로 했죠.

오늘은 무인도 에피소드에 도전해 볼까?

아니면 지난번에 실패한 유령의 집?

파앗!

앗?!

그때였어요.
밍모가 게임에 접속하는 순간…

밍모는 자신이 꿈을 꾸고 있다고 생각했습니다.

그래서 자기 손가락으로 이마에 힘껏 딱밤을 때렸습니다.

으윽, 아픈 걸 보니 꿈은 아니네….
그런데 내 이름을 어떻게 알았어? 내 앞엔 왜 나타난 거야?
밍모가 궁금한 얼굴로 묻자 피니가 발끈하며 대답했습니다.
 무슨 소리야? 날 부른 건 너잖아?
 뭐? 내가 언제?
 불렀어. 네가 게임 세계에 도움을 요청했기 때문에 이런 일이 벌어진 거라고.
 대체 무슨 말이야? 알아듣게 설명해 봐.
그러자 피니가 밍모를 뚫어지게 바라보며 말했습니다.
 네 꿈이 뭔지 알고 싶다고 생각했지?

순간 밍모는 부끄러운 속마음을 들킨 듯 얼굴이 화끈거리며 말까지 더듬었습니다.
 어, 어떻게 그걸….
피니는 피식 웃으며 말을 이었습니다.
 역시 도움을 원한 게 맞군. 좋아, 도와주지!
그 말에 밍모의 눈이 동그래졌습니다.
 그럼 내 꿈이 뭔지 알려줄 수 있어?
 물론이지. 하지만 그걸 알려면 게임 세계에서 가장 높은 탑의 꼭대기에 올라야만 해.
 게임이라면 자신 있지.
 만만치 않을걸? 직접 게임 속으로 들어가서 하는 거니까.

게임 속으로 들어간다고?

밍모는 깜짝 놀라 소리쳤습니다.

 그래, 물론 게임을 끝낸 후 집으로 돌아오면 돼.

 흐음, 키보드로 하던 게임을 직접 몸으로 한다라….
좋아, 이래봬도 운동 신경도 꽤 있으니까!

 쉽진 않을걸? 지금껏 네가 했던 게임과는 차원이 다르니까.

 차원이 다르다고?

밍모가 긴장한 표정을 짓자 피니가 넌지시 되물었습니다.

 자신 없으면 그냥 포기할래?

그러자 밍모가 결심한 듯 주먹을 꽉 쥐며 외쳤습니다.

 아냐, 도전하겠어!

 후후, 그럴 줄 알았어. 그럼 내 손을 잡아!

밍모는 피니의 손에 이끌려 어딘가 이상한 공간으로 빨려 들어갔어요. 마치 거대한 절벽에서 끝없이 추락하는 것처럼 눈이 핑핑 돌고 머리가 어질어질한 기분이었죠. 처음 경험하는 충격에 자신도 모르게 눈물이 줄줄 흘러내렸어요. 어서 이 순간이 빨리 끝나기만을 바랄 뿐이었죠.

'게임 세계'란 말에 밍모의 눈물이 쏙 들어가고 호기심 어린 눈이 반짝였습니다.

피니의 말대로 멀리 환한 빛으로 된 출구가 보였어요.

밍모는 갑자기 쏟아지는 환한 빛 때문에 너무 눈이 부셔서 두 눈을 질끈 감았습니다.

다음 순간, 밍모의 몸은 어딘가에 '쿵—'하고 떨어졌지요.

 크으으….

 다친 거 아냐?

피니의 걱정어린 목소리가 들렸습니다.

 괜찮아, 좀 놀라긴 했지만.

밍모는 손사래를 치면서 금세 자리를 털고 일어났어요. 그리고 고개를 들어 천천히 주변을 둘러봤습니다. 그러자 드디어 눈앞의 세계가 시야에 들어오기 시작했지요.

그런데 그곳은….

여기가 게임 세계라고? 사막인데…?

밍모가 어리둥절한 표정으로 물었습니다. 그러자 피니가 빙긋 웃으며 대답했어요.

잘 봐. 어디서 본 적 있는 것 같지 않아?

그 말에 밍모는 두 눈을 크게 뜨고 주변을 자세히 살펴봤어요. 그러다가 밍모의 머릿속에 뭔가가 퍼뜩 떠올랐어요.

어? 혹시 여기는…?

그래, 맞아. 네가 생각하는 바로 그곳이야.

저기 보이는 피라미드와 스핑크스, 그리고 오아시스…, 이 익숙한 풍경! '무한의 계단' 게임 속의 사막 맞지?

"가만! 그럼 무한의 계단은 어디 있어?"

"음, 그게 말이야. 설명이 좀 필요한데, 사실 여기는…."

두리번 두리번

그때, 사막 저 멀리서 돌풍과 함께 거대한 모래바람이 불어왔습니다.

휘오오

"저건 뭐야?"

"나도 몰라!"

잠시 후 모래바람이 서서히 잦아들고, 그 속에서 익숙한 얼굴이 나타났습니다.

맞아요, 모래바람과 함께 등장한 인물은 다름 아닌 비지니스맨이었습니다. 비지니스맨은 밍모가 자신을 한눈에 알아보자, 어깨를 으쓱거리며 말했습니다.

훗, 하긴 이 게임의 최고 인기 스타인 날 모를 수는 없겠지.

저기… 그런데 왜 오신 거예요?

밍모의 질문에 비지니스맨은 약간 기분이 상한 듯했어요.

🧑 왜 나타나다니! 이 게임의 안내를 위해서지!

🧢 그런 거라면 피니가….

그러자 비지니스맨은 고개를 가로저으며 말했습니다.

🧑 잘 모르는군. 피니는 자네를 이곳 게임 세계로 데려오고 옆에서 도와주는 역할이지.

😆 그 말이 맞아.

옆에 있던 피니도 고개를 끄덕였습니다.

🧑 이제부터 자네가 하게 될 게임을 설명하는 역할은 바로 나, 비지니스맨이야!

🧢 이 게임에 대해서는 저도 잘 아는데요? 굳이 설명은 안 해주셔도….

그러자 비지니스맨의 얼굴이 굳어지며 진지한 표정으로 말했어요.

🧑 천만에, 결코 만만치 않을걸.
　이 게임은 평소 자네가 하던 게임과 많이 달라!
　그러니까 일종의 스페셜 스테이지라고 할까?

🧢 스페셜 스페이지? 오! 그거 흥미진진한데요?

밍모는 오히려 기대가 된다는 듯 흥분했습니다.

🧑 그럼 이제부터 내 설명을 잘 듣게.

그런데 인피니티 타워에 올라가면 무슨 상이 있나요?

좋은 질문이야.

비지니스맨도 잔뜩 신난 표정으로 설명을 이어갔습니다.

밍모 자네의 소원이 뭐였지?

소원이요?

그러자 피니가 또 끼어들었습니다.

그새 까먹었어?

아, 그거? 내 꿈이 뭔지 알고 싶다고…?

맞았어! 바로 그거야!

비지니스맨이 흥분해서 소리쳤죠.

근데 그게 탑의 꼭대기에 오르는 것과 무슨 상관이 있죠?

상관 있지! 있어도 아주 많이 있어!

네?

잘 들어.

비지니스맨은 잠시 뜸을 들이더니 눈빛을 번뜩이며 말했어요.

인피니티 타워의 꼭대기에 오르면 '꿈의 거울'이 있어! 그 거울은 자신이 꿈꾸는 미래의 자기 모습을 보여주는 신비한 물건이야!

비지니스맨의 말에 밍모는 마른침을 꿀꺽 삼켰습니다.

순간 밍모는 자기도 모르게 주먹를 불끈 쥐었습니다. 그리고 나직이 혼잣말을 중얼거렸죠.

 자신이 꿈꾸는 미래의 모습을 보여주는 거울…?

그러자 피니가 속삭였어요.

어때? 그거면 소원대로 네 꿈이 뭔지 알 수 있지 않을까?

좋았어!
인피니티 타워에
오르겠어!

그때, 땅이 진동하며 땅속에서 무언가 솟아나기 시작했어요.

콰르르르~

헉! 땅속에서 피라미드가…!

첫 번째 미션은 피라미드에 올라 나침반을 찾는 거야!

짜안!

나침반이 가리키는 방향에 이 사막을 탈출할 출구가 있다!

밍모는 자신 있게 피라미드를 향해 뛰어갔어요. 그리고 조금의 주저함도 없이 성큼성큼 계단을 오르기 시작했습니다.

이 정도는 단숨에 끝내 주겠어. 간다~!

타앗

잠깐, 같이 가! 그렇게 무작정 달려들면 위험하다고!

비지니스맨은 뒤늦게 뭔가 생각난 듯 걱정스런 얼굴로 중얼거렸어요.

여러 개의 나침반 중에서 하나를 골라야 한다는 걸 말해줬어야 하는데 깜빡했네. 괜찮으려나?

그러나 비서는 재밌다는 듯 생글생글 웃으며 말했습니다.

밍모군이 어떤 선택을 할지 기대가 되네요.
그런데 설마 일부러 말해주지 않은 건 아니죠?

당연히 아니지.

가까이에서 본 피라미드는 멀리서 봤을 때보다 훨씬 더 크고 거대했습니다. 꼭대기가 어딘지 보이지도 않을 정도였죠. 게다가 한 발만 잘못 디디면 미끄러질 정도로 경사면이 가팔랐어요.

하지만 밍모는 능숙하게 계단을 올랐습니다.

이 정도는 초보자 수준이지. 단숨에 끝까지 오를 수 있어.

뒤따라오던 피니는 그런 밍모를 보며 감탄했습니다.

자신 있다더니 빈말이 아니었네?

그때였습니다.

드드드―

어디선가 요란한 드릴 소리가 들리며 피라미드 전체가 흔들렸어요.

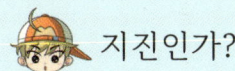 지진인가?

계단을 오르던 밍모도 멈춰 서 주변을 둘러봤어요. 그러자 피니가 긴장한 얼굴로 말했습니다.

 이건 지진이 아냐. 미션을 방해하는 첫 번째 인물이 나타난 거야!

 대체 누구야?

밍모가 당황한 얼굴로 묻자 피니가 인상을 찡그리며 대답했습니다.

 땅속을 뚫는 광부야. 하필 골치 아픈 녀석이 나타났군.

헤헷, 그래 봐야 광부가 무슨 방해가 되겠어?
계단을 오르는 게임이라면 내가 한 수 위거든?

그렇지 않아. 광부는….

피니가 뭔가 말하려는 순간 광부는 자신이 뚫고 나왔던 구멍 속으로 쏙 들어가 버렸습니다.

다시 드릴 소리가 요란하게 들려왔습니다.

드드드드—

쩌저적—

그러자 밍모가 올라야 할 앞쪽 계단에 금이 가기 시작했죠.

피니는 계속 말을 이었어요.

🙂 게임 규칙 중에 우리도 세 번의 도움을 받을 수 있다는 거 기억하지?

🧢 아, 맞아! 근데 어떻게 해야 소환할 수 있지?

🙂 그냥 '도와줘!'라고 외치면 돼!

🧢 좋았어, 불러 볼까?

밍모는 실망한 표정으로 한숨을 푹 쉬었어요.

에휴, 이런 상황에서 보디빌더는 별 도움이 안 될 텐데.

그러자 보디빌더가 재촉하며 말했죠.

운동하러 가야 하니까 원하는 게 있으면 빨리 말하라고!

저쪽 계단으로 건너뛸 수 있으면 좋겠는데…
안 되겠죠? 바쁘시면 그만 돌아가세요.

밍모가 *심드렁하게 말했죠.

*심드렁하다 : 마음에 탐탁하지 아니하여서 관심이 거의 없다.

그러자 보디빌더가 씨익 웃었어요. 무슨 방법이 있는 걸까요?

갑자기 보디빌더가 밍모를 두 팔로 번쩍 들어 올렸어요.

 뭘 하려는 거예요?

밍모가 바둥거리며 놀란 목소리로 소리쳤지만, 보디빌더는 대답 대신 밍모를 건너편까지 힘껏 던졌어요.

첫 번째 방해를 물리친 밍모는 더욱 속도를 내서 피라미드 계단을 뛰어 올라갔어요.

🧑 그럼 다시 올라가 볼까?

🐥 아직 두 번 더 남았어. 방심하면 안 돼!

　피니의 말이 끝나자마자 이번에는 어디선가 비행기 엔진 소리가 들려왔습니다.

왜애앵—

밍모는 날아드는 벌들을 쫓아내며 투덜댔어요.

 쳇, 저 비행기를 떼어내야 하는데 벌 때문에 도움은커녕 방해만 되잖아.

그러자 듣고 있던 양봉사가 별거 아니란 듯 말했습니다.

 알았어. 그러니까 저 비행기만 쫓아 버리면 되는 거지?

 어, 어떻게 하려고요?

밍모가 궁금해서 묻자 양봉사는 대답 대신 비행기를 향해 커다란 꿀 덩어리를 던졌습니다.

철썩—

날아온 꿀 덩어리가 비행기에 들러붙었죠.

 큭, 이런 걸로 뭘 어쩌겠다는 거야?

비행기 조종사는 어이없다는 표정으로 비웃었습니다.

그런데 다음 순간…!

자, 그럼 다시 계단을 올라가 볼까?

밍모는 또다시 힘을 내서 피라미드 계단을 오르기 시작했어요. 그렇게 한참을 오르는데 배에서 '꼬르륵—' 소리가 나는 거예요. 동시에 다리에 힘도 풀렸습니다.

 윽, 생각해 보니 저녁도 안 먹었잖아?

밍모는 집에 두고 온 피자가 생각났어요.

 저기, 잠깐 집에 가서 밥만 먹고 돌아오면 안 될까?

밍모가 불쌍한 표정을 지으며 말했지만 피니는 단호하게 고개를 가로저었습니다.

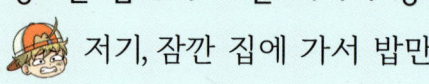 그건 안 돼. 인간이 게임 세계에 올 수 있는 기회는 딱 한 번뿐이야. 지금 돌아가면 다시 올 수 없다고.

배가 고파서 헛것이 보이는 걸까요?

가까운 앞쪽에 뭔가가 떨어져 있는 게 보였습니다.

 초콜릿이다!

먹을 것을 발견한 밍모는 너무 기뻐서 보물이라도 찾은 듯 큰 소리로 외쳤습니다.

 잠깐만! 어쩌면 함정일지 몰라!

피니가 말리려고 했지만, 굶주린 밍모의 귀에는 아무 소리도 들리지 않았어요. 그래서 앞뒤 가리지 않고 덥석 초콜릿을 집어 들었죠.

스르릉—

그 순간 피라미드 벽면의 문이 열리며 안에 숨어 있던 미라들이 쏟아져 나오기 시작했어요.

헉! 미라…?

 그러니까 내가 뭐랬어!

피니가 발끈해서 소리쳤습니다.

 아, 부비트랩이었구나! 계단 위에 떨어진 초콜릿을 집어 들면 계단의 무게가 가벼워져서 닫혀 있던 문이 열리는 거였어!

 지금 문이 어떻게 열렸는지가 중요해? 빨리 도망쳐! 미라에게 붙잡히면 끝장이라고!

우우우—

미라들이 위협적으로 다가왔지만 어째서인지 밍모는 크게 당황하지 않았어요.

그리고 여유 있게 말했죠.

 우리에겐 세 번째 도움을 받을 기회가 있잖아.

 아 참, 그랬지?

 그럼 불러 볼까? 흐읍—!

밍모는 심호흡을 한 번 크게 하더니 목청껏 큰 소리로 외쳤습니다.

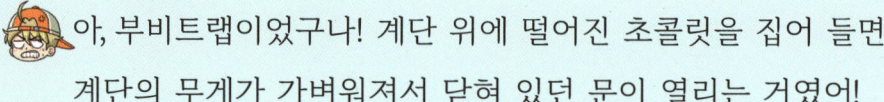

도와줘—!!

저, 저건…?

쿠오오오~

폭풍인간!

하아아앗!

폭풍인간은 무엇이든 날려버릴 수 있다! 원하는 것을 말해라!

멋져요~!

오오! 이번엔 제대로 도움이 되겠는걸?

 제발 그러면 좋겠는데….

밍모는 신이 났지만 피니는 왠지 걱정스러운 표정이었어요.

 폭풍인간! 미라들을 쓸어버려 줘!

밍모가 부탁하자 폭풍인간은 온몸을 크게 부풀리며 말했습니다.

 알겠다! 그렇다면 강력한 태풍으로 한 방에 날려 주지!

 앗! 그건 너무 위험해!

피니가 놀라서 소리쳤지만, 이미 한발 늦은 상태였습니다.

쿠쿠쿠쿠—

폭풍인간이 일으킨 태풍이 모든 것을 날려버릴 듯 휘몰아치기 시작했습니다.

휘이이잉-

미라들이 모두 날아가버린 후에도, 폭풍인간은 멈추지 않았어요.

 이제 그만해요!

 난 한번 바람을 일으키면 완전히 기운이 빠질 때까지 멈출 수가 없어.

 그럼 어떡하지?

밍모가 울상으로 말하자 피니가 말했습니다.

 폭풍인간의 흥분을 가라앉히려면 뭔가 부드럽고 달콤한 게 있어야 한다던데….

 부드럽고 달콤한 거? 아, 적당한 게 있어!

밍모는 손 안의 초콜릿을 내보인 후 폭풍인간의 입 속으로 초콜릿을 힘껏 던져 넣었어요.

 성공이야!

밍모와 피니는 기쁨에 손을 맞잡고 펄쩍 뛰었습니다.

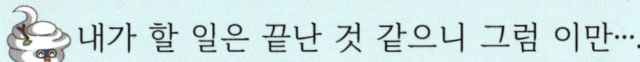 내가 할 일은 끝난 것 같으니 그럼 이만….

초콜릿 하나에 흥분을 가라앉힌 폭풍인간은 흐뭇한 얼굴로 사라졌습니다. 그런데 밍모의 배 속에서 또다시 '꼬르륵―' 소리가 들려왔습니다.

윽! 내가 먹으려고 한 건데….

자, 목적지가 얼마 남지 않았으니까 조금만 더 힘을 내자.

알았어.

피니의 위로에 밍모는 남은 기운을 짜내 다시 계단을 올랐습니다.

그렇게 밍모는 세 번의 방해를 물리치고 피라미드의 꼭대기에 도착했습니다. 정상에서 아래를 내려다보니 땅이 보이지 않을 정도로 까마득했어요.

 우와, 아찔하다…!

 나침반을 찾아야 미션을 완수하는 거야.

피니의 말에 밍모는 나침반을 찾기 위해 주변을 이리저리 둘러봤습니다.

 어디에 숨겨져 있을까?

그때 밍모 앞에 환한 빛이 쏟아지며 그 속에서 누군가가 모습을 드러냈습니다.

밍모는 파라오에게 예의를 갖춰 정중하게 물었습니다.

저는 여기 어딘가에 있는 나침반을 찾으러 왔습니다.

그러자 파라오가 근엄한 말투로 답했습니다.

이제 네 명의 신이 각기 다른 나침반을 가지고 나타날 것이니, 그중에 네가 찾는 것이 있을 것이다.

네 개 중에 하나? 그런 얘기는 없었잖아?

밍모의 말에 피니도 어이없다는 표정을 지었습니다.

아무래도 비지니스맨이 깜빡한 것 같군.

누가 당신 얘기를 하는 것 같은데요?

아까부터 귀가 가렵더라니.

나침반이란 길을 잃은 자에게 방향을 알려주는 물건이지.

하지만 길은 자신이 직접 만들어 나가야 한다는 사실을 잊지 말도록….

잘 가요~.

길은 자신이 직접 만들어 간다고…?

피니는 무슨 뜻인지 모르겠다는 듯 고개를 갸우뚱했습니다.

음….

밍모는 말없이 파라오의 말을 곰곰이 생각했어요. 잠시 후 파라오의 말처럼 밍모 앞에 네 명의 신이 나타났습니다. 그리고 그들에겐 서로 다른 나침반이 들려 있었죠.

난 태양신이다.
내 손엔 바늘이 고정된
나침반이 놓여 있지.

나는 스핑크스!
내가 가진 건 계속해서
뱅글뱅글 도는
나침반이다!

하피라고 합니다.
내게는 바늘이 없는
나침반이 있어요.

내 이름은 아누비스,
부서진 나침반을
가지고 있지.

발끈하며 화를 낸 건 피니였습니다.

🙂 이게 뭐야? 하나도 제대로 된 나침반이 없잖아!

그러나 밍모는 신들이 내민 네 개의 나침반을 찬찬히 살펴보며 나직이 중얼거렸죠.

🧒 아냐, 틀림없이 이 중에 정답이 있을 거야.

🙂 무슨 소리야? 이건 뭔가가 잘못된 게 틀림없어!

화가 난 피니는 얼굴까지 붉으락푸르락했습니다. 그때 한참을 생각하던 밍모가 네 개의 나침반 중 하나를 집어 들었습니다.

바늘이 없으면 방향을 알 수 없잖아!

피니가 의아하다는 표정으로 물었죠. 신들도 밍모에게 이유를 물었습니다.

도전자여, 그 나침반을 고른 이유를 말해보겠나?

그러자 밍모는 싱긋 웃으며 주머니에서 펜 하나를 꺼냈습니다.

으응? 뭘 하려고…?

피니는 밍모의 행동이 더욱더 이해할 수 없었어요. 밍모는 펜으로 바늘이 없는 나침반 위에 쓱쓱 바늘을 그려 넣었습니다.

엥? 뭐 하는 짓이야?

피니가 깜짝 놀라 소리쳤습니다. 그런데 신들은 그 모습을 보고 흡족한 미소를 지었습니다.

이윽고 밍모가 천천히 입을 뗐습니다.

파라오가 말씀하셨지. 길은 자신이 직접 만드는 거라고….

으응?

그러니까 여기서 빠져나갈 수 있는 문은 바로 저쪽….

미션 2 밍모의 직업 소환 Ⅰ

❶ 비행기조종사

> 승객의 안전을 제일로 생각하지.

어떤 일을 하나요?

승객과 화물을 수송하는 비행기나 헬리콥터, 여객기, 전투기, 경비행기 등의 항공기를 조종합니다. 비행기의 성능을 평가하고 새로운 비행기를 테스트하기도 합니다.

연관된 직업

헬리콥터조종사

승무원

항공교통관제사

이런 성향이 필요해요

 공간 지능
 신체 운동 지능
 대인 관계 능력
 언어 능력

나에게 맞는 직업일까?

나와 가까운 항목을  체크해 보아요.

- ☐ 호기심을 가지고 관찰하는 것을 좋아해요.
- ☐ 조립하고 분해하는 것을 좋아해요.
- ☐ 지도를 보고 길을 잘 찾습니다.
- ☐ 자세하게 표현하는 것을 잘합니다.
- ☐ 몸을 움직이는 놀이를 좋아해요.
- ☐ 외국어 공부를 좋아해요.

친구들, 밍모닝~!
내가 게임 세계로 들어온 후 첫 미션을 경험하며 만난 인물들 기억나지? 이번엔 인물들과 연관된 다양한 직업을 알아보는 것이 이번 미션이야. 그럼 직업을 소환해 볼까?

❷ 엔지니어

어떤 일을 하나요?

각종 제품 생산에 사용되는 기계를 설치하거나 고장난 장비와 기계의 원인을 분석하고, 드라이버나 각종 공구, 측정 장비를 이용하여 고장난 부위를 수리합니다.

연관된 직업

자동차조립원

항공기관정비사

로봇엔지니어

이런 성향이 필요해요

수리 논리력

손재능

대인 관계 능력

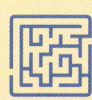
공간 지능

나에게 맞는 직업일까?

나와 가까운 항목을  체크해 보아요.

- ☐ 기계와 장비 다루는 것에 관심이 있어요.
- ☐ 직접 움직여서 체험하는 것을 좋아해요.
- ☐ 퍼즐과 컴퓨터를 좋아해요.
- ☐ 조립 장난감 맞추는 것을 좋아해요.
- ☐ 문제가 생기면 원인을 잘 분석해요.
- ☐ '만약 ~라면'이라는 상상을 잘해요.

미션 2 밍모의 직업 소환 Ⅰ

3 스포츠 트레이너

"선수들의 마음을 이해하는 것도 중요해."

어떤 일을 하나요?

운동선수들의 건강 상태를 확인하고 선수들이 경기에서 최상의 컨디션을 발휘할 수 있도록 조언하고 훈련을 시킵니다. 선수들의 부상을 예방하기 위해 안전교육도 합니다.

연관된 직업

운동선수

코치

스포츠강사

이런 성향이 필요해요

신체 운동 지능

대인 관계 능력

손재능

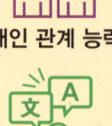
언어 능력

나에게 맞는 직업일까?

나와 가까운 항목을  체크해 보아요.

- ☐ 몸을 많이 움직이는 놀이를 좋아해요.
- ☐ 팀을 나누어서 하는 놀이를 좋아해요.
- ☐ 반장이나 부반장, 리더로 자주 뽑혀요.
- ☐ 운동, 춤, 게임을 좋아해요.
- ☐ 상대의 기분이나 생각을 잘 알아차려요.
- ☐ 끈기 있게 마지막까지 해내요.

❹ 농업기술자

가축인공수정사는 가축의 번식을 도와주는 직업이야!

어떤 일을 하나요?

농업의 발전과 농업인의 복지 향상을 위해 농업 과학기술에 대한 연구와 농촌 지도, 농업 관련인에 대한 교육을 담당하고 있습니다.

연관된 직업

특용작물재배사

축산기능사

가축인공수정사

이런 성향이 필요해요

자연 친화적 / 대인 관계 능력

손재능 / 수리 논리력

나에게 맞는 직업일까?

나와 가까운 항목을  체크해 보아요.

- ☐ 도시보다는 시골이 좋아요.
- ☐ 자연을 관찰하는 것을 좋아해요.
- ☐ 곤충, 파충류 등을 무서워하지 않아요.
- ☐ 동물에 대해 탐구하는 과정이 재미있어요.
- ☐ 어떤 현상이 왜 일어나는지 관심이 많아요.
- ☐ 식물 기르는 것을 좋아해요.

직업 소환 미션 성공! 다음 미션으로 고고!

미션 3
아이돌 연습생에게 용기를!

쿠쿠쿠-

 밍모가 선택한 문을 통과하자 거대한 피라미드는 요란한 소리를 내며 순식간에 사라져 버렸습니다. 사막 또한 눈 깜짝할 사이에 사라졌어요.

쿵-

또다시 어딘가 낯선 장소에 떨어진 밍모는 엉덩이가 얼얼한 듯 얼굴을 찡그리며 중얼거렸어요.

으으, 좀 살살 내려 주면 안 되나?

피니는 두리번거리며 주변을 둘러보기 시작했어요.

그런데 여긴 어디지?

화려한 조명… 어디선가 들려오는 음악 소리…. 간간이 들리는 사람들의 환호성….

한참 동안 주변을 둘러보던 밍모의 머릿속에 무언가가 퍼뜩 떠올랐어요.

신이 난 밍모는 들려오는 음악 소리에 맞춰 엉덩이를 실룩실룩
거리며 몸을 흔들기 시작했어요.

- 내가 또 댄스라면 자신 있지!
- 으으, 왜 내 얼굴이 화끈해지는 걸까?

피니는 못 본 척 시선을 피했습니다.

- 이래 봬도 체육 대회 때 전교생 앞에서 춤추고 박수를 받은 실력이거든?
- 알았으니까 엉덩이 실룩 좀 그만해. 나까지 창피해지니까….
- 무슨 소리야? 이 동작이 이 춤의 포인트라고!
- 아아, 그래~?

피니는 마지못해 영혼 없는 탄성을 흘렸습니다. 그때였어요.
비지니스맨과 비서가 요란한 댄서 복장으로 춤을 추며 등장했습니다.

비지니스맨은 멈추지 않고 계속해서 춤을 추며 말했어요.
 첫 번째 미션 성공을 축하하네! 아주 멋졌어!
 그런데 의상이…!
순간 두 사람의 모습에 놀란 밍모의 눈이 커졌어요.

이곳이 두 번째 미션 장소야! 그래서 분위기에 맞춰 의상을 준비했지.

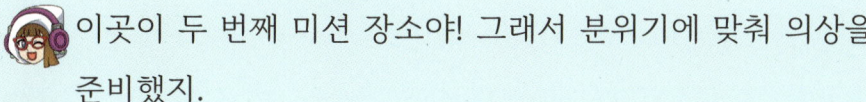

맞아. 여기서는 나를 댄서 비지니스맨이라고 불러주겠나?

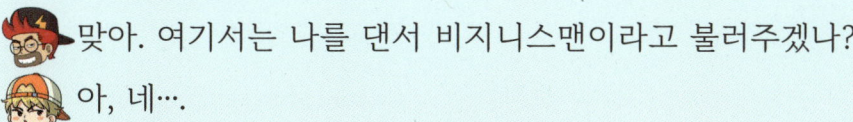

아, 네….

밍모가 난처한 표정으로 고개를 돌리자 피니가 의기양양한 표정으로 소곤댔어요.

좀 전의 내 심정을 알겠지?

그러자 밍모는 말없이 고개를 끄덕였어요.

🧢 저기, 춤은 그만 추시고 두 번째 미션 안내를….

밍모의 말에 비지니스맨은 기다렸다는 듯 춤을 멈추고 거친 숨을 몰아쉬었습니다.

🎩 후유~ 안 그래도 그럴 생각이었어. 오랜만에 춤을 춰 보니, 몸이 옛날 같지 않구만.

🎧 그럼 내가 대신 설명하죠. 난 아직 기운이 넘치거든요?

비서가 여전히 흥이 가시지 않은 얼굴로 다음 미션을 설명하기 시작했습니다.

🎧 두 번째 미션도 첫 번째와 방법은 비슷해. 다만 이번엔 유리로 된 계단을 오르는 거지.

🧒 그냥 계단의 끝까지 오르기만 하면 되나요?

밍모의 질문에 비서는 웃는 얼굴로 고개를 가로저었습니다.

👩 아니, 물론 목적이 있지. 계단의 끝까지 오르면 오디션을 앞둔 아이돌 연습생을 만나게 될 거야.

🧒 아이돌 연습생이라고요?

밍모의 눈이 동그래졌습니다.

👩 응, 하지만 한 가지 문제가 있어.

🧒 무슨 문제죠?

👩 그 아이돌 연습생은 실력은 뛰어나지만 사람들 앞에 나서는 걸 너~무너무 부끄러워해.

🧒 에에? 그래서는 유명한 스타가 되기 힘들 텐데….

👩 맞아. 그래서 부끄러움을 극복할 방법을 찾아서 전해주는 게 이번 미션이야.

🧒 그러니까 부끄럼쟁이 아이돌 연습생에게 용기를 주는 게 목표군.

밍모가 중얼거리자 피니는 걱정이 가득한 얼굴로 말했어요.

🤖 누구나 용기가 필요할 때가 있지. 용기를 내는 것도 어렵지만, 누군가에게 용기를 불어넣는 건 더 어려울 것 같은데….

하지만 밍모는 언제나 그랬듯이 깊이 생각하지 않기로 했어요. 앞서 걱정하는 건 아무런 도움이 안 되니까요.

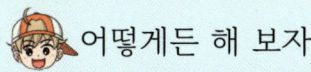어떻게든 해 보자!

씨익 웃으며, 유리 계단에 발을 내딛었어요.

잠깐만! 성격도 급하긴. 아직 설명이 끝나지 않았어! 이번에도 세 명의 방해꾼이 나타날 거야!

비서가 놀란 표정으로 소리치자 밍모가 걸음을 멈추고, 대답했습니다.

알아요! 그리고 저도 세 명의 도움을 받을 수 있죠?

그러자 이번에는 비지니스맨이 덧붙였습니다.

밍모는 빙글빙글 나선형의 유리 계단을 오르기 시작했습니다. 그런데 생각했던 것보다 훨씬 더 가파르고 미끄러웠어요. 게다가 바닥이 투명해서 자칫하면 발을 헛딛을 위험도 있었죠.

 서둘지 마, 조심하는 게 좋겠어!

하지만 밍모는 피니의 걱정어린 목소리에도 아랑곳하지 않고 성큼성큼 뛰어 올라갔습니다.

훗, 이쯤이야….

그 순간…!

그것 봐, 내가 뭐랬어! 조심하랬지?

피니의 핀잔에 머쓱해진 밍모는 '씨익' 웃어 보인 후, 벌떡 일어나 다시 유리 계단을 오르기 시작했죠. 물론 이번에는 발에 힘을 주고 속도를 줄여서 조심조심 걸음을 옮겼어요.

 이런 식으로는 너무 느린데….

 그래도 미끄러져서 처음부터 다시 시작하는 것보다는 낫잖아.

 그렇기는 한데… 이 방법밖에 없나…?

그렇게 천천히 한 걸음 한 걸음 유리 계단을 오르고 있을 때였어요. 저기 계단 위에 길쭉한 모양의 노란색 물체가 떨어져 있는 게 보였어요.

 어? 저건…?

밍모가 몇 계단 더 올라가 확인하니 계단 위에 있는 건 먹음직한 바나나 한 개였어요.

 혹시 밟고
미끄러지라고 일부러
놔둔 거 아닐까?
이 계단이 함정일 수
있잖아.

떨어진 바나나를 보곤
피니의 생각이 많아졌어요.

에이, 넘어지게 하려면 껍질만 놔뒀겠지.

밍모는 재빠르게 바나나를 향해 손을 뻗었습니다.

 잠깐! 피라미드에 떨어진 초콜릿이 함정이었던 거 기억 안 나?

피니가 놀라서 소리쳤지만, 이미 밍모는 *히죽거리며 바나나를 덥석 집은 뒤였어요.

 난 몰라. 이제 또 뭐가 나타나도….

피니가 고개를 돌리고 모른 척 외면을 했죠. 그러나 다행히도 아무런 일도 일어나지 않았어요.

 아무 일도 없는데? 그냥 누가 떨어뜨린 건가 봐. 잘됐다, 배고픈데 나중에 먹어야지~.

밍모는 바나나를 뒷주머니에 스윽 집어넣었습니다.

*히죽거리다 : 만족스러운 듯이 슬쩍 자꾸 웃다.

밍모와 피니는 다시 유리 계단을 오르기 시작했습니다. 다리에 힘을 주고 조심스럽지만, 되도록 빠른 속도로 한참을 오르는데 어디선가 요란한 음악 소리가 들려왔습니다.

삐리리— 삐리리리—

밍모는 그 자리에 우뚝 멈춰서 주변을 두리번거렸어요.

> 어디서 음악 소리가 들리는데?

> 평범한 소리가 아니야….

바로 그때 저기 앞쪽에 뭔가가 보였어요.

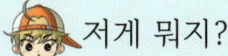 저게 뭐지?

밍모가 앞쪽을 가리켰어요. 그러자 피니는 숨을 죽이고, 밍모가 가리킨 쪽으로 조심스레 다가갔습니다.

그리고 신기한 행렬에 푹 빠져 구경하기 시작했어요. 밍모도 어느새 피니 곁으로 다가왔죠.

아, 맞다! 사극 드라마에서 본 적 있어! 그런데 게임 세계에도 임금님이 있는 거야?

그럼, 웬만한 캐릭터는 다 있을걸? 그런데 왜 이렇게 천천히 가지?

피니는 의아하다는 듯이 고개를 갸우뚱했습니다.

원래 임금님의 행차는 그래.

 하필 앞을 가로막을 건 뭐람….

피니가 불만스러운 얼굴로 투덜거리자 밍모가 앞으로 나섰어요.

 안 되겠다. 좀 비켜 달라고 얘기해 볼게.

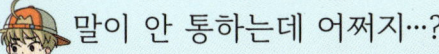

 말이 안 통하는데 어쩌지…?

피니를 보며 기가 죽은 밍모가 중얼거렸어요. 그러자 피니가 무언가 깨달은 듯 예리한 눈빛을 빛내며 말했습니다.

*무엄하다 : 어려워함이 없이 아주 무례하다.

밍모, 이건 진짜 임금님의 행차가 아냐.

그럼…?

우리가 계단을 오르는 걸 방해하려는 거야.

세 명의 방해꾼 중 하나…?

맞아.

피니가 난처한 표정으로 고개를 끄덕였습니다.

방해꾼이 맞다면 절대 비켜주지 않겠지. 그렇다고 한없이 기다리다간 계단 끝에 도착하지 못할 거야.

잠시 고민 끝에 밍모는 결정을 내렸습니다.

우리도 도움을 요청하자.

하지만 누가 나올지 모르잖아. 도움이 될 만한 인물이 나와줘야 하는데, 오히려 방해가 될 수도 있어.

피니는 걱정이 되었습니다.

혹시 모르잖아? 일단 불러 보자!

밍모는 한번 크게 숨을 내쉰 후 하늘을 향해 소리쳤습니다.

도와줘!

실망한 피니와 달리 밍모의 생각은 달랐습니다.

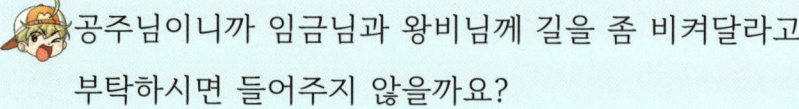 공주님이니까 임금님과 왕비님께 길을 좀 비켜달라고 부탁하시면 들어주지 않을까요?

밍모가 기대에 찬 얼굴로 말하자 페르시아 공주는 거만하게 고개를 가로저으며 말했습니다.

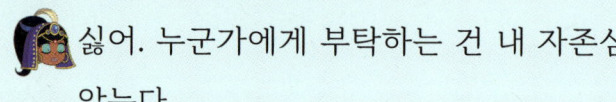 싫어. 누군가에게 부탁하는 건 내 자존심이 허락하지 않는다.

페르시아 공주의 단호한 거절에 밍모와 피니는 당황했습니다.

 그냥 살짝만 얘기해 주시면 안 될까요?

밍모가 애처로운 눈빛으로 공주를 보며 부탁했어요.

 싫어, 난 그 누구에도 숙이지 않아.

좌절한 둘의 모습에 페르시아 공주는 잠시 고민에 빠졌어요.
그리고는 슬쩍 곁눈으로 쳐다보며 중얼거렸습니다.

 저 행차를 넘어가기만 하면 되는 거지? 나한테 방법이 있긴 한데….

 그게 뭔데요?

밍모가 동그래진 눈으로 묻자 공주는 대답 대신 뭔가를 꺼냈습니다.

 이걸 타고 가면 금세 건널 수 있지.

공주님, 도와주신 김에 이대로 계단 끝까지 가면 안 될까요?

밍모가 눈치를 살피며 묻자 공주는 차갑게 딱 잘라 대답했습니다.

안 돼! 규칙을 잊지 마! 도와주는 건 한 번이야. 그러니까 난 여기까지.

말을 마친 페르시아 공주는 마법 양탄자와 함께 '펑—'하고 사라졌어요.

아쉽지만 첫 번째 문제는 해결됐으니까….

그래, 그래.

밍모와 피니가 다시 힘을 내어 유리 계단을 오르려고 할 때였어요. 갑자기 '휘잉—'하고 찬 바람이 불어오더니 공기가 오싹해지는 거예요. 밍모와 피니는 덜덜 떨며 두 팔로 몸을 감싸기 시작했습니다

갑자기 추워진 것 같지 않아?

그러게. 높이 올라와서 그런가?

점점 더 추워지자 자기도 모르게 저절로 이가 딱딱 부딪치기 시작했어요.

계단을 오를수록 찬바람은 더욱 거세졌어요. 마침내 눈까지 내리더니 순식간에 계단에 쌓인 눈이 꽁꽁 얼어 얼음으로 변해버렸지요.

그때 몰아치는 바람 속에서 누군가의 날카로운 웃음소리가 들려왔습니다.

오호호호—!

 누구 웃음소리지…?

 앗! 저기…!

피니가 가리킨 곳에는 얼음 여왕이 무시무시한 찬바람을 일으키며 서 있었습니다.

- 두 번째 방해꾼이 나타난 거야!
- 우리 힘으론 막아낼 수 없어!
- 바로 두 번째 도움을 요청하자.

🜲 호호호~ 겨우 불러낸 게 모래인간이라니! 이런 상황에 무슨 도움이 될까?

얼음 여왕이 비웃듯이 말했죠.

🜲 그러게. 모래인간은 바람에 약할 텐데…, 이제 어쩌지?

포기한 듯 실망한 피니와 달리 밍모는 여유 있는 미소를 띠었어요.

🜲 천만에~ 지금 상황에 딱 맞는 캐릭터가 나온걸? 난 역시 운이 좋다니까~!

밍모의 표정에 궁금해진 피니가 물었어요.

🧒 모래인간에게 무슨 부탁을 하려고…?

🧒 부탁이 아니라 기발한 방법이 떠올랐어. 너도 도와줘.

🧒 뭘?

밍모는 대답 대신 모래인간에게 다가가 있는 힘껏 입김을 불기 시작했습니다.

후우— 후우—

그러자 점차 모래인간의 몸이 흩어지며 모래가 날리기 시작했습니다.

마침내 피니도 밍모의 계획을 알아차렸습니다.

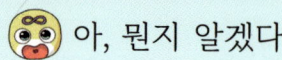 아, 뭔지 알겠다!

그리고는 신이 나서 밍모와 함께 '후우— 후우—' 입김을 불었죠. 모래인간의 모래는 더욱 빠르게 흩어지며 꽁꽁 얼음이 언 유리 계단 위에 쌓여 갔습니다.

휘이잉.

나의 소중한 모래 가루들이….

스스스-

이 녀석들이 쓸데없는 짓을…!

당황한 얼음 여왕은 또다시 찬바람을 일으켰습니다.

휘이잉—

하지만 바람이 불면 불수록 모래인간의 모래는 더 많이 흩어져만 갔죠. 결국 미끄럽게 얼어붙은 계단 위에 모래가 수북이 쌓였습니다.

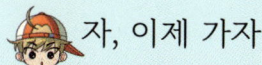 자, 이제 가자!

밍모가 앞장서서 계단을 올랐고 피니도 그 뒤를 따랐습니다. 얼음 위에 쌓인 모래 덕분에 미끄러지지 않고 걸을 수 있었어요.

와아! 정말 하나도 미끄럽지 않잖아?

피니도 신기한 듯 감탄했습니다.

밍모는 피니를 보며 어깨를 으쓱였죠.

어때? 내 아이디어가?

피니는 대답 대신 엄지척해 주었습니다.

화가 난 얼음 여왕은 분해서 부르르 떨었지만 어찌할 방법이 없었죠.

유리 계단의 꽁꽁 언 부분을 다 지나자 밍모가 뒤를 돌아보며 말했습니다.

모래인간, 고마워. 덕분에 얼음 여왕을 물리칠 수 있었어.

그러자 '스스스―'하며 흩어졌던 모래가 다시 모여 모래인간으로 돌아왔습니다.

두 번째 방해꾼까지 물리친 밍모와 피니는 얼마 남지 않은 유리 계단의 끝을 향해 걸음을 옮겼습니다.

이제 마지막 방해꾼이 나타날 때가 됐는데….

피니가 불안한 표정으로 중얼거렸죠.

그러자 뒤쪽에서 음악 소리가 들려왔습니다.

쿵— 쿠쿵— 쿵쿵쿵—

동시에 이상한 소리도 들렸어요.

우워 우워 우우우— 우워 🎵♪

가만히 귀를 기울여 듣고 있던 밍모가 말했습니다.

🧢 누군가 음악에 맞춰 랩을 하는 것 같은데?

🙂 근데 뭐라고 하는지 하나도 모르겠어.

이유가 있었습니다. 뒤에서 랩을 하는 방해꾼은 고릴라였거든요.

신기한 듯 밍모와 피니는 고릴라가 있는 곳으로 내려갔어요.

고릴라는 랩을 하며 밍모와 피니를 지나쳐 계단을 빠르게 올랐어요. 점점 더 흥이 오르자 '쾅쾅' 구르기 시작했지요.

어서 세 번째 도움을 요청하자!

겁에 질린 피니는 밍모를 재촉했습니다. 그런데 밍모는 잠시 생각하는 듯 눈을 굴리더니 이내 눈을 반짝였습니다.

 아니, 이번엔 내 손으로 해결할 수 있어!

그러더니 뒷주머니에 넣어뒀던 바나나를 꺼내 껍질을 벗겼습니다. 향긋한 바나나 향이 퍼지자, 고릴라도 랩을 멈추고 코를 킁킁거렸어요.

 아, 고릴라가 바나나를 좋아하니까 그걸 주면….

그러나 밍모는 껍질 벗긴 바나나를 한입에 홀랑 먹어버렸어요.

일단 배고프니까 내가 먹고….

엥? 그걸로 고릴라를 진정시키려고 하는 게 아니었어?

그러자 밍모는 피니를 향해 짓궂은 표정으로 눈을 찡긋하며 말했어요.

자고로 중요한 일을 앞둘 땐 든든히 먹어야 한다고. 내게 좋은 생각이 있거든.

한편 아까부터 인내심 있게 바나나를 기다리던 고릴라는 아무리 기다려도 밍모가 새 바나나를 꺼내지 않자, 당장 바나나를 내놓으라는 듯 두 주먹으로 가슴을 쿵쿵 쳤습니다.

계단에 금이 더 생기잖아! 이러다가 무너지겠어. 도대체 왜 약을 올린 거야?

피니가 당황해서 소리쳤지만, 밍모는 여전히 여유 있는 얼굴로 씨익 웃었습니다.

됐어, 걸려들었군.

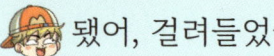

결국 화를 참지 못한 고릴라는 성난 얼굴로 밍모를 향해 달려들었습니다.

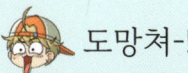 도망쳐-!

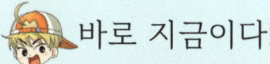 뛰어봤자 벼룩이야! 그러니까 고릴라 심기는 왜 건드리냐고!

얼떨결에 달리게 된 피니는 원망스러운 목소리로 투덜댔어요.

 바로 지금이다!

밍모는 뒤쫓아 오는 고릴라의 앞길에 바나나 껍질을 '휙—' 던졌습니다.

😮 응?

피니의 눈이 저절로 바나나 껍질을 향했어요. 그때, 깜짝 놀랄 일이 벌어졌지요. 바나나를 밟은 고릴라가 그대로 미끄러지고 만 거예요.

미끄러진 고릴라는 그만 균형을 잃고 유리 계단 아래로 굴러떨어졌어요. 순식간에 벌어진 상황을 지켜보던 피니는 밍모에게 나지막이 물었어요.

고릴라가 바나나 껍질을 밟을 걸 어떻게 알았어?

원래 누구든 화가 나면 눈에 뵈는 게 없는 법이거든.

그때, 유리 계단 아래쪽에서 고릴라의 화가 난 목소리가 들렸어요.

크어어어!

아래를 내려다본 밍모가 다급한 목소리로 재촉했어요.

피니, 고릴라가 일어나고 있어! 우리도 어서 올라가자. 화난 고릴라한테 잡히면 끝장이야!

저, 정말이네!

밍모와 피니는 미끄러움 따윈 잊은 채 유리 계단을 전속력으로 오르기 시작했습니다.

쉬지 않고 오른 밍모와 피니는 마침내 유리 계단의 정상에 도착했어요. 그러자 크고 화려한 무대가 눈에 들어왔습니다. 사방에서 비추는 온갖 색깔의 조명은 아름답고 환상적이었죠.

구석에 숨어서 시무룩하게 앉아 있는 소녀가 밍모의 눈에 들어왔습니다. 바로 두 번째 미션의 열쇠가 되는 아이돌 연습생이었지요. 밍모는 아이돌 연습생에게 천천히 다가갔습니다.

너를 위한 무대가 준비되어 있어.

밍모가 부드럽게 말을 건네자 소녀는 천천히 고개를 들었습니다.

넌 누구야?

네게 도움이 되고 싶어서 찾아왔어. 너의 얘길 해 줄래?

밍모의 질문에 아이돌 연습생은 천천히 자신의 이야기를 들려주었습니다.

나는 친한 친구들 앞에서는 얼마든지 춤과 노래를 할 수 있어. 그럼 모두들 감탄하며 스타가 될 거라고 말하지. 하지만….

하지만…?

이상하게 오디션장에서 심사위원들 앞에만 서면 다리가 떨리고 몸에 힘이 빠져서 아무것도 할 수가 없게 돼.

심각한 이야기에 밍모와 피니는 소녀가 걱정이 되었습니다.
🧒어떡하지? 용기를 내라는 말로는 효과가 없겠는데?
😀응, 내 생각도 그래.
그때 조명이 켜지며 심사위원 삼총사가 나타났습니다.

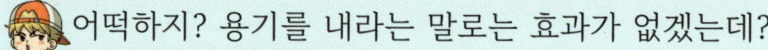

우리는 오디션 심사위원이다.

이번이 그 연습생에겐 마지막 기회가 될 거야.

그래서 우리가 용기를 줄 수 있는 세 가지 선물을 준비했지.

밍모는 세 명의 심사위원이 들고 있는 선물 중에서 무엇을 고를까 고민했습니다.

부끄러움이 많은 아이돌 연습생에겐 과연 어떤 물건이 힘이 될까요?

밍모는 고민에 휩싸였습니다.

 미러볼, 황금 마이크, 선글라스….

으으, 이거 고르기 어려운데?

 실패하면 여기서 끝이야.

피니에게도 결정 내리기 어려운 문제였죠.

그렇게 한참을 생각하던 밍모가 드디어 마음을 굳힌 듯 활짝 웃으며 큰 소리로 말했습니다.

🧢 좋아, 결정했어!

🟡 무엇을 선택했을지 나도 궁금한데? 어서 말해 봐!

피니도 잔뜩 기대하는 표정이었습니다.

심사위원 세 명의 시선도 밍모에게 모아졌지요.

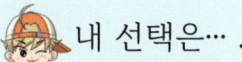 내 선택은… .

잠시 뜸을 들이던 밍모는 구석에 있는 아이돌 연습생을 돌아보며 말했습니다.

설마 미션을 포기하는 건 아니지?

피니는 깜짝 놀란 얼굴로 밍모를 바라봤습니다. 심사위원 세 명의 표정도 마찬가지였죠.

 진심이야?

 어쩌려는 거지?

 도무지 이해할 수 없군.

그러나 밍모는 모두를 향해 빙그레 웃으며 침착하게 다음 말을 이어갔습니다.

 대신 다른 걸 선택했어요.

 다른 거라니?

 여기에 이것 말고는 준비된 선물이 없는데?

모두들 어리둥절한 표정이었죠. 밍모는 자신만만한 표정으로 싱긋 웃으며 말했습니다.

 아직 한 번 더 도움을 요청할 기회가 남아 있지 않아요?

 아, 그래! 두 번밖에 사용하지 않았지?

그런데 그걸 지금 사용하려고…?

 피니, 이번 미션에서 한 번은 캐릭터를 내 마음대로 선택할 수 있다고 했지?

밍모는 피니를 보며 확인했어요.

으응, 비지니스맨이 그렇게 말했어.

 그럼 불러 볼까?

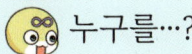 누구를…?

밍모는 방금 구운 따끈한 피자를 들고 아이돌 연습생에게 다가갔습니다.

생각해 봤는데 지금 너한테 필요한 건 미러볼도, 황금 마이크도, 선글라스도 아니야. 무대에 서면 다리가 떨리고 온몸에 힘이 빠진다고 했지? 그건 내가 잘 아는데, 배가 고파서 그래.

아, 그러고 보니 오디션을 앞두고 긴장이 돼서 며칠 동안 밥을 제대로 못 먹었어.

아이돌 연습생도 뭔가 깨달았다는 표정으로 중얼거렸습니다.

아이돌 연습생은 배불리 피자를 먹고 나자 정말로 힘이 나는 걸 느꼈습니다.

내가 자신이 없던 건 부끄럼 때문이 아니라 배가 고파서였어.

> 이젠 누구 앞에서도 자신 있게 나의 노래와 춤을 보여줄 수 있어!

아이돌 연습생이 무대에 서는 순간, 눈이 부실 정도의 환한 조명이 쏟아지며 어디선가 이런 소리가 들려왔어요.
  '두 번째 미션 성공!'

미션 4 밍모의 직업 소환 II

❶ 댄서

> 가수의 노래에 어울리는 춤을 개발하는 것이 중요해.

어떤 일을 하나요?

스포츠댄스, 힙합댄스, 비보잉 등 다양한 장르의 춤을 추고, 연구합니다. 가수의 노래와 음악에 어울리는 춤을 개발하고 가수에게 춤을 지도하기도 합니다.

연관된 직업

무용가

안무가

발레리나

이런 성향이 필요해요

음악 능력

창의력

예술 시각력

신체 운동 지능

나에게 맞는 직업일까?

나와 가까운 항목을  체크해 보아요.

- [ ] 춤을 출 때 리듬을 잘 타요.
- [ ] 몸을 써서 내 생각을 표현할 수 있어요.
- [ ] 모든 일에 적극적이고 활달해요.
- [ ] 친구들 앞에서 노래나 춤추는 걸 좋아해요.
- [ ] 사람 많은 곳에 가서 함께 있으려고 해요.
- [ ] 새롭게 창작하는 걸 좋아해요.

두 번째 미션에선 아이돌 연습생과 맛있는 피자를 전해 주는 배달원을 만났어. 이번엔 예술, 요리, 배달 관련 직업을 소환해 볼까?

❷ 가수

어떤 일을 하나요?

목소리를 이용해서 음악을 만들고 부르는 사람으로 댄스곡, 발라드, 밴드, 트로트 등 다양한 장르의 노래를 부릅니다.

10대 20대에게 인기가 많은 연예인을 아이돌이라고 해요!!

연관된 직업

작곡가

뮤지컬배우

드라마/ 영화배우

이런 성향이 필요해요

음악 능력

창의력

예술 시각력

신체 운동 지능

나에게 맞는 직업일까?

나와 가까운 항목을  체크해 보아요.

- [ ] 노래나 랩 듣는 것을 좋아해요.
- [ ] 악기 연주하는 법을 잘 배웁니다.
- [ ] 새로운 일에 도전하는 것을 좋아해요.
- [ ] 가사를 지어 노래를 만들어 불러요.
- [ ] 친구들 앞에서 노래 부르는 걸 좋아해요.
- [ ] 콘서트나 뮤지컬 공연을 좋아해요.

미션 4 · 밍모의 직업 소환 Ⅱ

③ 우편물집배원

고객의 물건을 소중히 전달하려고 노력하지.

어떤 일을 하나요?

우체국 관할 구역에 있는 우체통 안의 우편물을 수집하여 우체국에 전달하고, 우편물을 표시된 주소에 전달하는 일을 합니다.

연관된 직업

물류관리사

우체국공무원

택배원

이런 성향이 필요해요

신체 운동 지능

손재능

대인 관계 능력

공간 지능

나에게 맞는 직업일까?

나와 가까운 항목을  체크해 보아요.

- ☐ 친구와 약속을 잘 지켜요.
- ☐ 기계 다루는 것을 좋아해요.
- ☐ 지도를 보고 길을 잘 찾아요.
- ☐ 신체적으로 균형 감각이 좋아요.
- ☐ 친구들이 모르는 것을 물어보면 친절하게 가르쳐줘요.

❹ 조리사

어떤 일을 하나요?

각종 요리 기구를 사용해 알맞은 조리법에 따라 요리하고, 조리된 음식의 맛, 영양 상태 등을 점검합니다.

파티시에는 과자나 케이크 등 맛있는 디저트를 만든다고 해.

연관된 직업

양식/ 일식/ 중식 조리사

영양사

파티시에

이런 성향이 필요해요

 손재능
 창의력
 공간 지능
 신체 운동 지능

나에게 맞는 직업일까?

나와 가까운 항목을 ✔ 체크해 보아요.

- ☐ 요리하는 것을 좋아해요.
- ☐ 친구들과 협동을 잘해요.
- ☐ 이것저것 만드는 것을 좋아해요.
- ☐ 새로운 메뉴를 개발하고 싶어요.
- ☐ 음식 재료에 관심이 많아요.
- ☐ 청소를 깨끗하게 잘해요.

직업 소환 미션 성공! 다음 미션으로 고고!

한편 이곳은 블랙홀 내부의 4차원 공간. 우주의 신 네메시스와의 결전 중 사라져 버린 별빛 보안관은….

🪐 넌 지금 내 안의 공간에 갇힌 거야.

🎩 뭐?

🪐 하지만 잠시 뒤 문이 열리면 다른 차원의 세계에 떨어지게 될 거다.

으아아아~ 어디로 가는 거야!

슈우우웅

🪐 다른 차원으로 이동한다면 기억을 잃을 수도 있지. 그렇게 된다면, 원래 세계로 돌아오지 못하고 영원히 우주를 떠도는 미아가 될 것이다. 내 말 명심하도록….

이곳은 다시 오디션장.
더 이상 두려움은 없어~🎵 화려한 무대가 기다리고 있어~♪
날 부르는 환호성~♩ 이제 난 너희들의 수퍼스타~🎵
샤이닝 스타~♪ 수퍼스타~!

밍모 덕분에 용기를 내 오디션 무대에 오른 아이돌 연습생은 심사위원들 앞에서 자신 있게 춤과 노래 실력을 뽐냈어요. 그동안 갈고닦아 왔던 모든 걸 보여준 거죠.

🧑 심사위원들의 선물을 마다하고, 자신만의 방법으로 연습생의 자신감을 되찾아 주다니 대단하군.

👧 정말 획기적인 선물이었어요. 피자를 준비하다니…!

어느새 나타난 비지니스맨과 비서는 밍모를 바라보며 칭찬을 아끼지 않았어요.

😼 응? 둘은 언제 온 거지?

🧒 제 경험담이에요. 제가 평소에 그렇거든요. 밤에는 꼭 배가 고프지 않아도 야식을 안 먹으면 허전하더라고요.

😊 그건 안 좋은 습관인데….

🧑 흐음, 그건 나도 동감하는 바네. 조용한 밤, 소파에 편안히 앉아 치킨을 먹으며 스포츠 경기를 보는 즐거움을 어떻게 포기할 수 있겠나. 치킨도 좋지만, 내가 제일 좋아하는 야식은 뭐니 뭐니 해도….

비지니스맨의 야식 이야기가 끝나지 않을 것 같은 불길한 예감이 든 비서가 비지니스맨의 말을 막으며 끼어들었어요.

🧑 아, 그럼 다음 미션을 설명해야죠?

🧑 아 참! 아이돌 무대에 빠져서 깜빡했네! 세 번째 미션은….

삐이 삐이-

그런데 바로 그때 비서의 핸드폰에서 긴급 상황을 알리는 경고음이 울렸습니다.

급히 전화를 받는 비서의 얼굴이 순식간에 굳어졌어요.

뭔가 큰일이 벌어진 거죠.

🧑 뭐, 뭐라고요? 네, 알겠습니다.

불안해진 눈빛으로 피니가 나직이 속삭였어요.

🐣 누구와 통화를 하는 걸까?

🧢 글쎄…?

전화를 끊은 비서가 잔뜩 긴장한 얼굴로 말을 꺼냈어요.

👩 조금 전에 시공간이 왜곡되는 사건이 발생했다고 해.

🧢 시공간 왜곡이 뭐야?

밍모가 피니에게 물었죠.

🐣 우주의 시간과 공간이 뒤틀렸다는 뜻이지.

🧢 그럼 무슨 일이 벌어지는데?

🐣 서로 다른 세계가 뒤섞여서 엄청난 혼란이 일어나지. 다른 세계의 사람이 나타나기도 하고…, 사라지기도 할 거야. 어쩌면 이 세계가 완전히 파괴될지도 몰라.

🧢 뭐? 그렇게 되면 난 어떡해? 집으로 돌아갈 수 있는 거야?

🐣 이런 적은 처음이라 결과를 알 수는 없어. 다만 이 세계가 파괴된다면, 네가 있는 세계 또한 무사하진 않을 거야. 그러니까 이 사건은 단순히 네가 집으로 돌아갈 수 있느냐의 문제가 아니란 거지.

👩 난 잠깐 상황을 살펴보고 와야겠어.

어딘가로 전화를 걸던 비서는 심각한 얼굴로 자리를 떠났어요.

갑작스러운 상황에 밍모는 두려워지기 시작했어요.

🧒 안 돼, 그렇게 되면 절대 안 된다고! 나 당장 돌아갈래!
　　엄마, 아빠 보고 싶어…!

그때였어요. 어디선가 목소리가 들렸죠.
　　"혹시 거기 누군가 있나요?"

🧒 어? 누구야? 누가 얘기하는 거야?

그러자 희미하게 모습을 드러냈습니다.

👧 아, 다행이다. 내 목소리가 들리나 보군요.

목소리의 주인공을 본 밍모와 피니는
깜짝 놀라 서로 얼굴을 쳐다봤어요.

🧒 신기하게 생겼어!

🐥 사람은 아닌 것 같은데…?

피니와 속삭이던 밍모가
용기를 내어 말을 꺼냈어요.

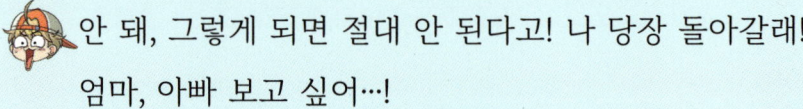

나는 다른 세계에 사는 라라예요.

🧒 당신은 누구예요?
　　여기엔 왜 온 거죠?

👧 그걸 답하려면 먼저 내가 떠나 온 세계에 대해 설명해야 해요.

라라는 잠시 숨을 고른 후, 이야기를 이어갔어요.

👧 내가 있던 세계에는 그곳을 지키는 별빛 에너지를 탐내는
　　우주의 신 네메시스가 있어요.

🎀 그래서 별빛의 힘으로 모인 히어로들이 네메시스와 맞서 싸웠죠. 하지만 승리의 기쁨도 잠시…

네메시스가 블랙홀을 통해 히어로 중 한 명인 별빛 보안관을 다른 세계로 보내버렸다는 걸 알았어요.

🧑 시간과 공간이 뒤틀린 게 그것 때문이었군요.

🎀 네, 아마 이쪽 세계 어딘가에 떨어졌을 거예요. 보통 다른 세계로 이동하면서 머리에 많은 충격을 받게 되는데, 자칫 그것으로 인해 기억을 잃었을 수도 있어요. 문제는 기억을 잃으면 영원히 돌아올 수 없게 된다는 거예요. 그러니까….

🧑 알았어요! 내가 찾아서 돌려보내 줄게요!

🐤 그렇게 큰소리칠 일이 아니야!

어떤 위험이 있을지 모른다고!

🧑 하지만 이대로 놔두면, 이 세계가 파괴될 수도 있다며!

난 나의 세계도, 너의 세계도 무사하길 바라. 그래야만 아빠, 엄마를 다시 만날 수 있으니까!

그러자 잠시 사라졌던 비서가 언제 돌아왔는지 불쑥 끼어들었어요.

👓 그런 마음가짐이라면 해낼 수 있을 거야! 세 번째 미션 긴급 변경! 다른 세계에서 온 우주 미아를 구출하라!

🐤 그런데 그 사람을 어디에서 찾아?

위치는 이미 확인됐어! 우주 도시 제일 고층 탑 꼭대기로 올라가면 우주 계단이 있는데, 그 계단을 올라가면 만날 수 있을 거야. 물론 규칙은 전과 똑같아! 한 번은 원하는 인물을 마음대로 소환할 수 있고….

그때 이쪽으로 걸어오는 비지니스맨의 목소리가 들렸어요.

추가 보너스 하나 더! 두 번의 미션을 성공했기 때문에 빙의가 한 번 가능하다네.

빙의는 또 뭐죠?

근처에 있는 누구와도 하나로 합쳐질 수 있단 뜻이지.

그런데 우주 도시로 어떻게 가? 우주선을 타고 가야 하나?

하하하, 내 선물이네. '비상구'를 외치면 어디서든 나타나 원하는 장소로 문을 열어줄 거다.

딱 맞춰 준비했네요. 덕분에 시간을 절약할 수 있겠어요.

의기양양한 비지니스맨의 모습에 비서가 고개를 끄덕이며 미소를 지었어요.

'4차원의 문' 같은 건가?

가 보면 알겠지. 서두르자.

알았어. 우주 도시로 부탁해!

이 문을 통과하면 우주 도시입니다.

쿠오오오-

순식간에 우주 도시에 도착한 밍모와 피니는 두 눈이 휘둥그레졌어요. 사방에 까마득히 높은 빌딩이 가득했고, 그 사이로 날개 달린 택시와 물고기 모양 비행선이 날아다니고 있었어요. 게다가 새까만 밤하늘에는 우주 정거장과 인공위성의 불빛들이 반짝이고 있었죠.

 우와~ 영화에 나오는 미래 도시 같아!

 나도 이렇게 거대한 도시는 처음 봐.

 별빛 보안관을 구하려면 제일 높은 탑부터 찾아야 하는데….

 바로 저거 아니야?

피니가 손가락으로 어딘가를 가리켰어요. 그 손가락 끝에 우주 도시 한가운데 우뚝 치솟아 있는 거대한 탑이 보였지요. 대체 몇 층인지 가늠할 수 없을 정도로 높은 건물이었어요. 그런데 밍모와 피니가 탑을 향해 걸음을 옮기려는 순간 누군가의 목소리가 들려왔어요.

"찍찍, 저기 잠깐만요."

응? 무슨 소리 못 들었어?

밍모가 주변을 두리번거리며 살펴봤지만, 아무것도 찾을 수 없었어요.

"찍찍, 여기예요. 아래요, 아래…."

고개를 숙여 내려다보니 발밑에 작은 생쥐 한 마리가 겁에 질려 바들바들 떨고 있는 게 보였어요.

 엥? 생쥐잖아?

 어째서 이런 곳에…?

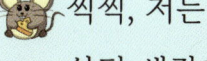 찍찍, 저는 다른 세상에 살던 생쥐예요. 그런데 갑자기 생겨난 시커멓고 거대한 구멍이 저를 집어삼켰죠.

🐭 정신을 잃었다가 깨어나 보니 이곳이었어요.

앗, 혹시 블랙홀 때문에…?

맞아. 시공간이 왜곡되면서 여기저기 이상한 일이 많이 생긴 것 같군.

🐭 찍찍, 가족과 친구들이 있는 원래 살던 고향으로 돌아가고 싶어요. 여긴 저 혼자뿐이라 너무 무서워요. 제발 부탁이니 저를 좀 도와주세요.

생쥐는 눈물을 머금은 애처로운 눈빛으로 밍모에게 애원했어요.

알았어. 마침 블랙홀을 이용해서 누군가를 돌려보내러 가는 길이니까 너도 방법을 찾아보자.

🐭 고맙습니다. 정말 친절한 분이네요, 찍찍.

밍모는 발밑에 있는 작은 생쥐를 살짝 집어서 바지 주머니 안에 넣었습니다.

사람들 눈에 띄면 안 되니까, 그 안에 잘 숨어 있어.

🐭 알았어요, 찍찍.

잠시 뒤, 밍모와 피니는 탑의 꼭대기로 올라가는 엘리베이터 앞에 도착했습니다. 물론 주머니 안에 든 생쥐도 함께요. 입구에는 깔끔한 복장의 엘리베이터걸이 안내를 하고 있었습니다.

순간 밍모는 가슴이 뜨끔했어요. 그리고 피니와 서로 눈빛을 교환했지요.

😰 혹시 다 알고 있는 거 아냐?

　　밍모의 심장이 두근댔어요.

😲 밍모, 당황하면 안 돼! 침착, 침착!

엘리베이터걸이 다시 한번 생긋 웃으며 말했어요.

💇 그냥 예를 든 것뿐이니 너무 놀라지 마세요.

😅 아, 네. 그, 그러셨군요.

밍모는 들킬까 봐 얼른 엘리베이터에 올라탔어요.
엘리베이터걸의 친절한 안내가 계속됐습니다.

저희 엘리베이터는 속도 조절이 가능하죠. 보통 속도, 빠른 속도, 초고속, 세 가지 중에서 어떤 걸 선택하시겠어요?

 저, 저희가 좀 바빠서요. 제일 빠른 초고속으로 부탁드릴게요.

그러자 엘리베이터걸이 의아한 표정으로 고개를 갸우뚱했습니다.

 음, 초고속을 선택한 손님은 처음이네요. 걱정은 좀 되지만, 바쁘시다니까 초고속으로 모시겠습니다.

그리고는 '초고속'이라고 쓰인 버튼을 꾹 눌렀습니다.

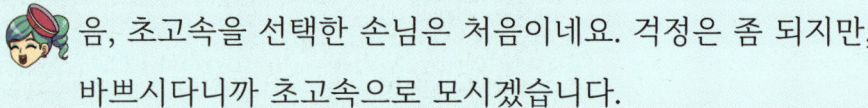 그럼 좋은 여행 되세요.

'스르릉―' 문이 닫히자 엘리베이터는 '위잉―' 소리를 내며 빠르게 속도를 높였어요.

어찌나 빠른지 바깥 풍경이 보이지 않을 정도였죠.

🧢 혹시 우리가 생쥐를 숨긴 걸 알고 일부러 그런 건 아니겠지?

🐤 서, 설마….

덜컹—

밍모와 피니가 기절하기 직전, 탑의 꼭대기에 도착한 초고속 엘리베이터가 멈췄습니다. 그리고 엘리베이터걸의 안내가 이어졌어요.

🧕 문이 열리면 바깥은 우주입니다. 그러므로 두 분 모두 우주복을 착용해 주셔야 합니다.

곧이어 엘리베이터의 한쪽 벽면이 열리자, 진열되어 있는 우주복이 보였어요.

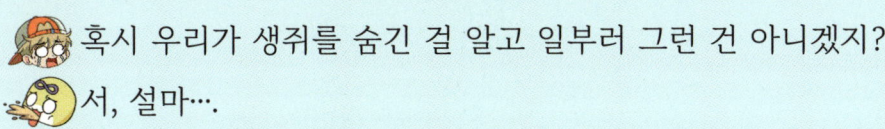

밍모가 우주복으로 갈아입자 '스르릉―'하고 엘리베이터 문이 열렸습니다. 이윽고 눈앞에 끝없이 넓고 캄캄한 우주가 펼쳐졌습니다.

막상 두 눈으로 직접 우주를 보니까 좀 떨려….
밍모의 주머니 안에 숨어 있던 생쥐가 속삭였어요.

🐭 찍찍, 긴장할 거 없어요. 모든 생명은 우주에서 태어났으니까 우주가 진짜 고향인 셈이죠.

밍모는 우주를 바라보며 멍한 표정으로 혼잣말을 중얼거렸어요.

그렇구나. 우주는 모든 생명이 태어난 고향···. 그래서 사람들은 우주를 보고 꿈을 키우는 걸까? 그렇다면 우주 어딘가에 내 꿈도 있을까?

생각에 잠긴 밍모를 잠자코 바라보던 피니는 분위기를 바꾸려는 듯 큰 소리로 밍모를 불렀어요.

밍모야, 일단 우리가 해야 할 일을 하자. 우리가 여기 온 이유가 있잖아.

응, 별빛 보안관을 구해야지! 탑의 꼭대기로 올라가면 계단이 있다고 했으니까···.

두리번거리던 밍모가 한 곳을 손가락을 가리켰어요!

저기 있다!

누가 내 발목을…?

아무도 없는데 무슨 소리야?

아냐, 분명히 누군가 잡았어.

밍모가 꺼림칙한 생각을 억지로 뒤로하고 다시 걸음을 옮기려고 하는데 이번엔 누군가가 등을 거칠게 밀었어요. 그 바람에 밍모는 '윽—' 소리를 내며 앞으로 고꾸라지고 말았죠. 화가 난 밍모는 벌떡 일어나 허공을 향해 소리쳤습니다.

대체 누구야? 비겁하게 숨어서 공격하지 말고 모습을 드러내시지!

밍모야, 너 정말 괜찮아?

진짜 누가 있다니까!

밍모는 이제 한 발을 내딛는 것조차 두려웠습니다. 또 누군가가 잡아당기거나 밀 것 같았기 때문이죠. 그래서 조심조심 계단을 오르는데 누군가 가까이 다가와서 '왁—'하고 소리를 지르는 거예요. 그 소리에 밍모는 기겁해서 벌러덩 자빠지고 말았어요.

으으, 서, 설마 귀신…?

아니, 이번엔 나도 소리를 들었어. 이건 귀신이 아니라 첫 번째 방해꾼이야! 정체는 투명인간!

그러자 '핫핫핫핫!'하고 누군가의 웃음소리가 울려 퍼졌어요.
그리고 피니의 예상대로 투명인간이 희미하게 모습을 드러냈습니다.

그리고는 투명인간의 모습이 또다시 '스르르—' 사라졌습니다.

밍모, 조심해!

피니가 다급하게 외쳤지만 이미 한발 늦었어요. '퍽—' 소리와 함께 투명인간의 거친 공격에 밍모의 몸이 휘청였습니다.

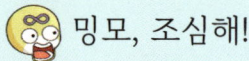안 되겠다, 도움을 요청해야겠어! 세 번 중에서 한 번은 내 마음대로 소환할 수 있다고 했지?

누구를 불러내려고?

그러자 밍모가 씨익 웃으며 대답했습니다.

투명인간을 상대할 수 있는 적당한 인물이 생각났어!

밍모가 큰 소리로 '도와줘! 화가!'라고 외치자 '펑—'하고 화가가 나타났습니다.

엥? 갑자기 화가는 왜…? 이 우주에서 화가가 무슨 도움이 되냐고….

투명인간의 비웃음에도 밍모는 여전히 자신 있는 표정으로 싱긋 웃으며 말했습니다.

화가 아저씨, 부탁이 있는데 물감을 여기저기 막 뿌려 주실래요?

오, 그거 재밌겠군! 이 드넓은 우주 공간이 나의 화폭이 되는 건가? 좋았어! 그럼 우주를 나의 예술혼으로 가득 채워 볼까?

화가는 신이 나서 물감을 뿌려대기 시작했습니다. 빨간 물감, 파란 물감, 노란 물감, 온갖 색깔의 물감이 사방에 뿌려졌죠.

이, 이건 무슨 작전이야?

곧 알게 될 테니 조금만 기다리라고.

화가가 계속해서 물감을 뿌려대자 옷에 물감이 묻은 투명인간의 모습이 조금씩 드러나기 시작했습니다.

🎩 뭐 하는 짓이야? 더러운 물감이 옷에 묻잖아!

😲 아! 물감이 묻으면 투명인간이 모습을 감출 수 없구나!

투명인간도 뒤늦게 깨닫고 당황하고 말았어요. 게다가 바닥에 뿌려진 물감 때문에 투명인간이 움직일 때마다 발자국이 찍혔습니다.

🎩 윽! 이래서는 다 들키잖아!

🧒 한 번 더 덤벼 보시지! 이젠 모든 행동이 눈에 훤히 보이니까, 하나도 무섭지 않아!

🎩 크으으으, 고작 물감 따위에 물러나다니!

투명인간은 분한 듯 마지막 말을 남기고 어디론가 사라져 버렸습니다.

잠시 후, 붓을 내려놓은 화가는 뿌듯한 표정으로 주변을 바라보았습니다.

👨‍🎨 걸작이 완성됐군. 아마 우주 공간에 그림을 그린 화가는 내가 처음일 거야! 좋은 기회를 줘서 고마웠네. 다음에 만나면 멋진 초상화를 선물하지. 그럼 이만~!

😄 밍모, 정말 멋진 작전이었어! 다만, 마음대로 소환할 수 있는 기회를 일찍 써 버린 게 좀 걱정이 되긴 하지만….

하지만 밍모는 상관없다는 얼굴로 다시 계단을 오르기 시작했습니다. 우주복에 익숙해지자 속도도 조금씩 빨라졌어요.

그렇게 계단의 반쯤 올랐을 즈음 갑자기 어디선가 알록달록한 배구공 하나가 '슈웅—' 빠른 속도로 날아왔습니다.

그 순간, 아슬아슬하게 피한 밍모의 등줄기에 식은땀이 주르륵 흘렀어요. 날아온 배구공이 섬뜩할 정도로 위협적이었거든요.

그때 앞쪽에 떡하니 길을 막고 서 있는 인물이 보였습니다.

맨발에 수영복 차림, 그리고 배구공, 밍모는 한눈에 비치발리볼 선수라는 걸 알 수 있었어요.

두 번째 방해꾼인 것 같은데, 왜 공을 던지는 거야?

피니가 긴장한 목소리로 작게 속삭였어요.

아, 왜 그런지 알겠어. 비치발리볼 선수야.

비치발리볼?

해변의 모래밭에서 두 명으로 구성된 두 팀이 중앙에 네트를 두고 경기를 펼치는 거야. 배구 같은 거지.

비치발리볼 선수는 여러 개의 공을 한꺼번에 높이 띄우더니 '파파팟—'하고 연달아 스파이크를 날렸습니다.

어디 한번 받아 봐라! 연속 강스파이크!

'퍼퍼퍽—' 피할 틈도 없이 날아온 배구공에 여기저기 얻어맞은 밍모는 정신이 어질해졌습니다. 만약 우주복이 아니었으면 온몸에 멍이 들었을 거예요.

제법 잘 버티는군.

비치발리볼 선수는 싸늘한 미소를 지으며 또다시 연속해서 강스파이크를 날렸어요. 어찌나 강한지 그건 마치 배구공이 아니라 단단한 쇠구슬 같았습니다.

결국 밍모는 고통스러운 표정으로 털썩 무릎을 꿇고 말았습니다. 고통스러워하는 밍모를 보며 안절부절하던 피니가 밍모를 향해 소리쳤어요.

밍모, 이러다 큰일 나겠어! 어서 두 번째 도움을 요청해!

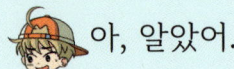 아, 알았어.

밍모는 얼굴을 찡그린 채 작은 소리로 중얼거렸습니다.

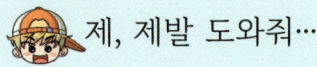 제, 제발 도와줘….

'펑―'하고 나타난 두 번째 인물은 온몸이 투명하게 빛나는 유리인간이었습니다.

"제가 무엇을 도와드리면 될까요?"

팟!

아아, 이 상황에 유리인간이 뭐야….

절망스러운 피니의 목소리에 보고 있던 비치발리볼 선수도 피식 웃음을 터뜨렸어요.

안됐네~. 유리인간이라니… 하나도 도움이 안 되겠어.
스파이크 하나면 깨지겠는데?

그리고는 또다시 무시무시한 눈빛으로 공을 날렸습니다.

유리인간 따위, 한 방에 부숴 주마!
 '휙—' 바람 소리를 내며 날아온 배구공에 얻어맞은 유리인간의 몸은 '쩌저적' 금이 가기 시작했습니다.

 그런데 밍모의 생각은 달랐어요. 주춤주춤 자리에서 일어서더니 유리인간에게 말했습니다.

 날아오는 배구공을 피하지 말고 정면으로 받아줘!
 그러면 유리인간의 몸이 깨져 버리고 말 거야!
 제 몸은 깨져도 괜찮습니다. 녹여서 붙이면 원래대로 돌아오거든요.
 흥, 깨지는 게 소원이라면 이뤄 주마!

듣고 있던 비치발리볼 선수는 어금니를 꽉 깨물고 어느 때보다 있는 힘껏 스파이크를 날렸습니다.
　'피융—' 마치 폭탄처럼 날아온 배구공이 유리인간의 몸을 강타하자 '쨍강—' 하고 온몸이 산산조각 났습니다. 부서진 유리는 날카로운 조각이 되어 사방으로 흩어졌죠.
　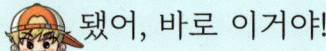 됐어, 바로 이거야!
　밍모는 유리 조각이 흩어진 계단 위를 한 걸음 한 걸음 걸어갔습니다.
　'빠직 빠지직—' 발밑에 깨진 유리 조각이 밟혔지만, 두툼한 우주복을 입은 밍모에겐 아무런 문제가 되지 않았죠.
　하지만 맨발의 비치발리볼 선수는 달랐습니다. 그 자리에서 한 발만 움직여도 날카로운 유리 조각에 발을 베일 수 있었으니까요.
　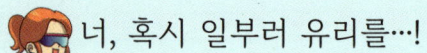 너, 혹시 일부러 유리를…!
　화가 머리끝까지 치솟은 비치발리볼 선수가 밍모의 등 뒤에 연달아 배구공을 날렸지만, 점점 밍모와의 거리가 멀어지며 더 이상 공이 닿지 않게 되었어요. 밍모는 멀어진 비치발리볼 선수를 슬쩍 돌아보며 이렇게 한 마디를 던졌습니다.
　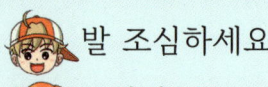 발 조심하세요!
　으아아—!

그 자리에서 꼼짝도 못 하게 된 비치발리볼 선수는 분을 삭이지 못하고 소리만 치다가 '펑―'하고 사라져 버렸습니다. 유리인간의 흩어진 유리 조각들도 어딘가로 '스르르' 사라졌고요.

🙂 이제 거의 계단 끝에 다다른 것 같은데?

🙂 응, 하지만 아직 세 번째 방해꾼이 남아 있어.

밍모의 말이 끝나기가 무섭게 누군가 앞을 막았어요. 바로 전투 로봇을 타고 있는 외계인이었습니다.

외계 로봇은 기계음이 뒤섞인 이상한 음성으로 밍모에게 경고를 이어갔습니다.

끼기기…. 여기서부터 통행 금지입니다. 경고를 듣지 않는다면 당신의 안전을 보장할 수 없습니다. 끼기기긱….

세 번째 도움을 요청해야겠군.

하지만 뭐가 나올지 모르잖아?

어쩔 수 없지. 운에 맡기는 수밖에…!

밍모가 '도와줘!'라고 외치자 운 좋게도 우주 병사가 나타났습니다.

우주 병사야! 이번엔 아주 딱 맞게 나타났어!

'투투투투—' 우주 병사가 맹렬한 공격을 퍼붓자 외계 로봇은 잠시 주춤한 듯 보였어요.

끼기기기…. 상대의 공격 패턴을 파악하기 위해 멈추었을 뿐입니다. 모든 분석이 완료됐으니 이제부터 반격을 시작하겠습니다. 끼기긱….

'파아앗—' 반격에 나선 외계 로봇이 강력한 레이저 빔을 쏘아대자 기세가 당당하던 우주 병사도 궁지에 몰리고 말았어요.

아무리 봐도 빈틈이 없어!

 끼기기… 우주 병사는 제 상대가 못 됩니다. 지금이라도 항복하십시오. 끼기기기….

 어쩌지? 우주 병사가 밀리고 있어!

 으으으… 거의 다 왔는데….

그때였습니다. 밍모의 우주복 안에 숨어 있던 생쥐가 '폴짝-'하고 뛰쳐나왔습니다.

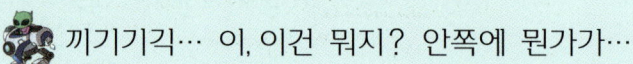

 찍찍, 제가 해 볼게요.

네가 어쩌려고?

생쥐는 살금살금 기어서 외계 로봇의 뒤쪽으로 다가갔습니다. 그러더니 외계 로봇의 몸통 안으로 숨어 들어갔습니다.

끼기기긱… 이, 이건 뭐지? 안쪽에 뭔가가….

'사각사각-' 생쥐는 외계 로봇의 몸 안에서 작은 기계 장치와 선들을 갉기 시작했습니다.

🤖 끼기기… 이, 이럴 수가… 이상….

'치지직—' 외계 로봇의 몸이 뒤틀리며 여기저기서 검은 연기가 새어 나오기 시작했습니다.

😀 외계 로봇의 상태가 이상해!

🧒 생쥐가 안에서 고장 낸 거야!

이윽고 '펑—'하는 소리와 함께 외계 로봇이 폭발하더니 로봇을 조종하던 키가 작은 외계인이 도망치듯 빠져나왔습니다.

🧒 로봇을 잃어버린 외계인은 별거 아니지.

👨‍🚀 우주의 평화를 위협한 죄로 너를 체포하겠다!

👽 다신 안 그럴게요. 한번만 봐주세요.

👨‍🚀 그건 내가 결정할 게 아니다. 일단 따라와!

'펑—'하고 우주 병사가 외계인을 데리고 사라졌습니다.

🧒 어? 생쥐는…?

밍모가 걱정하는 표정으로 주변을 살폈습니다. 그러자 부서진 로봇 고철 더미 사이에서 '쏙—'하고 생쥐가 나타났습니다.

🐭 찍찍, 저는 무사해요.

🧒 다행이다! 무슨 일이 생긴 줄 알고 가슴이 덜컹했잖아.

이제 다 끝난 것 같지?

응, 별빛 보안관이란 사람이 이 근처 어딘가 있을 텐데….

저기요. 별빛 보안관님 맞으시죠?

저희가 구하러 왔어요.

그런데 별빛 보안관은 멍한 표정으로 질문을 쏟아냈어요.

혹시 지금 나를 부른 거냐? 내 이름이 뭐라고? 그리고 날 구하러 왔다고 했니?

앗! 걱정하던 대로 기억을 잃은 것 같아….

어쩌지? 기억을 되살릴 방법이 없을까?

당황한 밍모와 피니 앞에 모든 것을 빨아들일 듯 강한 기운을 지닌 낯선 존재가 모습을 드러냈습니다.

> 그 자는 자신에 대한 기억을 모두 잊은 상태다.

> 그런데… 누구시죠?

 나는 이 우주의 모든 차원을 오갈 수 있는 유일한 존재 블랙홀….

헉! 블랙홀?

그럼 이분을 원래 세계로 돌려보내는 것도 얼마든지 가능하겠네요?

밍모의 질문에 블랙홀은 근엄한 표정으로 대답했습니다.

🪐 물론 그 정도는 아무것도 아니지. 하지만 기억을 잃은 자를 돌려보내는 건 절대 안 돼. 그건 내가 정한 규칙이야.

😀 말이 안 통할 것 같아….

🧢 그렇다면 별빛 보안관의 기억을 되살리는 수밖에….

밍모는 별빛 보안관의 어깨를 힘껏 붙들고 외쳤어요.

🧢 잘 생각해 보세요! 당신에겐 돌아가야 할 곳이 있잖아요! 그곳엔 친구들도 있고요! 그리고 당신이 해야 할 일도 있을 거예요!

👮 내가 돌아가야 할 곳? 친구들? 내가 해야 할 일?

뭔가를 떠올리려고 애쓰던 별빛 보안관은 다시 괴로운 표정으로 중얼거렸어요.

👮 아아, 안 돼. 도무지 기억이 나질 않아.

그러자 지켜보던 블랙홀이 거만하게 말했죠.

🪐 기억을 잃은 자를 돌려보내지 않으려는 이유를 알겠지? 돌아가 봐야 아무것도 나아지지 않기 때문이지. 혼란만 커질 뿐이다.

그때였어요. 밍모의 품 안에 숨어 있던 생쥐가 '폴짝—' 튀어나왔죠.

🐭 찍찍, 나 저 사람이 누군지 알아요!

🧢 그럼 생쥐 너도 별빛 보안관과 같은 세계에서 온 거야?

😛 아, 블랙홀의 문이 열렸을 때 휩쓸려 온 거구나?
생쥐가 별빛 보안관에게 다가가 말을 건넸어요.

🐭 찍찍, 포기하지 말고 좀 더 기억을 더듬어 보세요. 당신은 네메시스에 맞서 싸우던 스텔라이트의 히어로였어요. 기억해 보세요!

스텔라이트…, 나의 동료들, 내가 지켜야 할 아름다운 행성….

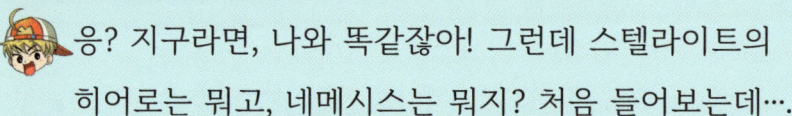

- 응? 지구라면, 나와 똑같잖아! 그런데 스텔라이트의 히어로는 뭐고, 네메시스는 뭐지? 처음 들어보는데….
- 흐음…. 네가 살고 있는 지구가 아니라, 다른 지구 아닐까? 평행우주처럼….
- 평행우주? 그런 거 들어본 적 있어!
- 가만, 내가 왜 이런 곳에 있는 거지? 나의 행성으로 어서 돌아가야 해!

😀 성공이야! 생쥐 덕분에 기억을 되찾은 것 같아! 생쥐야, 정말 대단해!

그러자 밍모가 블랙홀에게 으쓱대며 말했습니다.

🧒 이젠 돌려보내 줄 수 있는 거죠?

🪐 용케도 생각해냈군. 규칙대로 돌려보내 주지.

🧒 하나 더 부탁이 있어요. 여기 이 생쥐도 같이 보내 주세요. 어차피 같은 세상에서 왔으니까요. 그리고 별빛 보안관이 기억을 되찾는 데 결정적인 역할을 했잖아요!

그러자 블랙홀이 얼굴을 굳히며 단호하게 말했습니다.

🪐 그건 안 돼! 저 조그만 생쥐는 자기도 모르게 멍청하게 휩쓸린 거야! 내가 한가하게 그런 녀석까지 되돌려 보낼 수는 없지! 게다가 쥐 따위가 어떤 역할을 했든 내 알 바 아니야.

🧒 뭐라고요?

밍모가 어이없어하자, 블랙홀이 음흉한 눈빛으로 말을 이었습니다.

🪐 딱 한 가지 방법이 있긴 해. 너에겐 아직 돌아갈 문이 열려 있지. 비록 다른 지구지만 그 기회를 양보하면 돼.

🧒 네? 나에게 열려 있는 문을 양보하라고요?

🧒 그, 그건 안 돼! 그럼 밍모 네가 집으로 돌아갈 수 없게 돼!

밍모는 멍해진 표정으로 잠시 아무 말 없이 생각에 잠겼어요.
피니는 안타까운 눈빛으로 밍모를 바라보며 말을 이었죠.

밍모, 괜히 맘 약해지면 안 돼! 여기서 게임이 끝나는 즉시, 넌 집으로 돌아가야 해! 혹시 양보한다거나… 이런 생각하는 건 아니지?

피니가 불안한 표정으로 밍모의 팔을 잡았어요.
그때, 좋은 생각이 떠오른 듯 밍모의 입가에 미소가 번졌어요.

누가 양보를 한다고 그래?

그래, 생각 잘했어.

그런데 말이야, 빙의라고 했던가? 비지니스맨이 그랬잖아. 이번 미션에서 주변에 누구든 한 명과 합쳐질 수 있다고 했지?

그랬지. 이 중에서 누구랑…?

내가 선택한 빙의의 대상은 블랙홀의 규칙을 마음대로 바꿀 수 있는 딱 한 명!

미, 밍모…!

그제야 블랙홀도 뭔가 눈치를 챈 듯 크게 당황했어요.

무, 무슨 짓을 하려는 거냐?

미션 6 망모의 직업 소환 Ⅲ

❶ 만화가

기발한 아이디어가 필요해.

어떤 일을 하나요?
새로운 만화의 소재를 개발하거나 자료를 수집하여, 그 주제에 맞게 스토리를 구성합니다. 컴퓨터를 사용하여 만화를 그리기도 합니다.

연관된 직업

화가

디자이너

작가

이런 성향이 필요해요
- 예술 시각력
- 창의력
- 손재능
- 공간 지능

나에게 맞는 직업일까?
나와 가까운 항목을 ✔ 체크해 보아요.

- ☐ 그림 그리기, 낙서를 좋아합니다.
- ☐ 만화와 웹툰 읽는 것을 좋아해요.
- ☐ 자세하게 표현하는 것을 잘합니다.
- ☐ 미술관이나 박물관 나들이를 좋아해요.
- ☐ 혼자서 하는 일을 좋아해요.
- ☐ 내 감정을 잘 표현해요.

이제 드디어 마지막 미션이야!
여기까지 오느라 정말 고생 많았어!
마지막에는 과연 어떤 직업을 소환해야 할까?
함께 살펴보자고, 고고~!

❷ 경찰관

프로파일러는 범죄자의 행동과 생각을 분석해서 수사에 도움을 주는 직업이야.

어떤 일을 하나요?

경찰관은 국민의 생명과 재산을 보호하는 역할을 합니다. 범죄 수사를 통해 범인을 잡고, 범죄 예방을 위한 순찰 등 안전한 사회를 만들기 위해 노력합니다.

연관된 직업

형사

경호원

프로파일러

이런 성향이 필요해요

공간 지능

대인 관계 능력

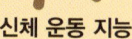
신체 운동 지능

손재능

나에게 맞는 직업일까?

나와 가까운 항목을 체크해 보아요.

☐ 운동을 잘한다는 말을 자주 들어요.
☐ 친구들의 고민을 잘 들어줘요.
☐ 사람 얼굴과 생김새의 특징을 잘 기억해요.
☐ 자신의 주장을 잘 펼칩니다.
☐ 친구들이 싸우면 나서서 사이좋게 지내라고 해요.

미션 6 망모의 직업 소환 Ⅲ

3 항공우주공학 기술자

인공지능전문가는 컴퓨터와 로봇이 인간처럼 생각하고 결정을 내리게 하는 기술을 개발하는 직업이야!

어떤 일을 하나요?

항공우주공학기술자는 공기 중을 비행하는 물체, 여객기, 전투기, 우주선 등의 다양한 비행 물체를 설계하고 개발하는 일을 담당합니다.

연관된 직업

천문학자

인공위성개발원

인공지능전문가

이런 성향이 필요해요

- 수리 논리력
- 공간 지능
- 창의력
- 언어 능력

나에게 맞는 직업일까?

나와 가까운 항목을 체크해 보아요.

- ☐ 수학과 실험, 활동하기를 좋아해요.
- ☐ 로봇, 우주 과학 체험전을 좋아해요.
- ☐ 과학 실험을 하고 결과를 생각해요.
- ☐ 수학, 과학 시간에 원리에 대한 설명을 들으면 이해가 잘돼요.
- ☐ '왜'라는 질문을 많이 해요.

4 축구선수

꾸준한 연습이 필요해.

어떤 일을 하나요?

축구선수란 축구를 직업으로 하며 축구 구단과 국가대표에 소속되어 올림픽이나 월드컵 등 많은 경기에서 선수로 활약합니다.

연관된 직업

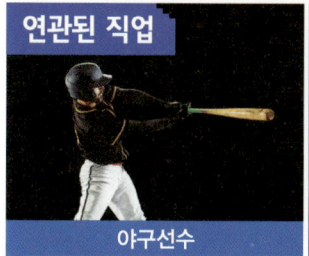
야구선수

배구선수

태권도선수

이런 성향이 필요해요

- 공간 지능
- 대인 관계 능력
- 신체 운동 지능
- 손재능

나에게 맞는 직업일까?

나와 가까운 항목을 체크해 보아요.

- ☐ 어떤 운동이든 몇 번만 하면 잘할 수 있어요.
- ☐ 한 가지에 집중하는 것을 좋아해요.
- ☐ 목표를 세우고 목표를 이루려고 합니다.
- ☐ 운동을 잘한다는 말을 자주 들어요.
- ☐ 무언가를 꾸준히 하는 것을 좋아해요.
- ☐ 자기 자신을 잘 격려하고 믿습니다.

직업 소환 미션 성공!

전 독자 특별선물 게임 스킨 사용 방법

❶ 스킨 쿠폰 등록 방법

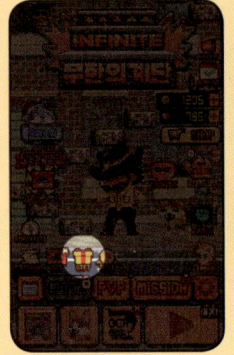  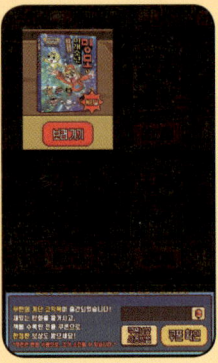

1 타이틀 화면에서 선물상자 버튼을 누르세요.

2 코믹북 이벤트 버튼을 선택하세요.

3 연필 버튼을 눌러 번호(띠지 뒷면)을 입력하고, 쿠폰 확인 버튼을 누르면, 밍모 스킨을 받을 수 있어요.

❷ 스킨 사용 방법

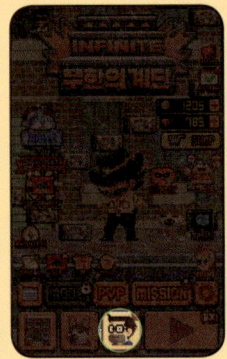   

1 타이틀 화면에서 캐릭터 버튼을 누르세요.

2 캐릭터 선택창에서 캐릭터 컬렉션 버튼을 누르세요.

3 밍모 캐릭터를 선택하세요.

4 미래소년 밍모 스킨을 선택하세요

INFINITE STAIRS © NFLY.S

*스킨 쿠폰은 아이폰의 경우, 애플 자체의 정책으로 인해 사용이 불가한 점 양해 부탁드립니다.
*반드시 무한의 계단 앱을 업데이트 한 후, 스킨을 등록하세요.

© 밍모 © SANDBOX NETWORK.

전 세계 No.1 게임으로 재미와 공부를 한 번에!
초등학생을 위한 마인크래프트 시리즈!

마인크래 장인조합 지음 | 값 15,000원

- 초등 과학 교과와 연계된 광물과 보석, 암석 소개!
- 통합과학, 지구과학 핵심 개념!
- 게임 장면과 플레이 방법까지!

마인크래 장인조합 지음 | 값 15,000원

- 초등 필수 영단어 500개 이미지 트레이닝 학습!
- 풍부한 사진 자료 수록!
- 품사와 발음기호까지!

마인크래프트 최강 몹 왕을 결정하는 배틀이 지금 시작된다!

- 한시도 눈을 뗄 수 없는 생동감 넘치는 배틀의 현장!
- 마인크래프트 세계 및 캐릭터에 대한 알찬 정보 전달!
- 배틀을 더 재미있게 즐기기 위한 규칙 해설!

마인크래 장인조합 지음 | 박유미 옮김 | 값 15,000원

구입 문의 (02)791-0708

쉿! 뚜식이의 일기를 공개합니다!

원작 뚜식이 | 글 최유성 | 그림 신혜영 | 감수 및 과학 콘텐츠 이슬기(인지과학 박사) | 감수 샌드박스네트워크
188쪽 내외 | 값 각 14,000원

상상 초월! 호기심 폭발! 과학 스토리!

뚜식이와 뚜순이의 솔직하고 엉뚱한 일기를 통해
상상을 초월하는 재미는 물론 흥미진진한
과학 이야기를 만나 보세요.

엉뚱하고 귀여운 뚜식이의 일기 대공개!